La Revolución
Industrial

Antonio Escudero

ANAYA

Colección: Biblioteca Básica
Serie: Historia

Diseño de la serie: Narcís Fernández

Maquetación: Enrique Algara

Ayudante de edición: Mercedes Castro

Coordinación científica: Joaquim Prats i Cuevas
(Catedrático de Instituto y
Profesor de Historia de la
Universidad de Barcelona)

Coordinación editorial: Juan Diego Pérez González
Enrique Posse Andrada

© del texto, Antonio Escudero, 1988
© de la edición española, Grupo Anaya, S. A., 1988
    Telémaco, 43. 28027 Madrid
Primera edición, octubre de 1988
Segunda edición, corregida, julio de 1990
Tercera edición, corregida, julio de 1992
Cuarta edición, mayo de 1993
I.S.B.N.: 84-207-3820-4
Depósito legal: M-8.512-1993
Impreso en ANZOS, S. A. La Zarzuela, 6
Polígono Industrial Cordel de la Carrera
Fuenlabrada (Madrid)
Impreso en España - Printed in Spain

Contenido

El cambio económico más importante de la Historia

No es ninguna exageración afirmar que la Revolución Industrial ha constituido el cambio económico más importante de la Historia. A principios del siglo XVIII, Gran Bretaña o Francia eran países con poca población. La esperanza de vida de sus habitantes no superaba los 30 años. La mayoría de los ingleses y de los franceses trabajaba entonces en el campo. Cada agricultor producía pocos alimentos. Las ciudades eran pequeñas, y en ellas los artesanos también producían pocos bienes industriales. El comercio no era voluminoso y los medios de transporte resultaban rudimentarios.

La baja productividad del trabajo hacía que la producción y el consumo por habitante fueran pequeños. A la pobreza se añadía el estancamiento, ya que las economías preindustriales no lograban aumentar la riqueza por encima de la población.

A fines del siglo XIX —y en contraste con todo lo anterior—, Gran Bretaña y Francia eran países con mucha población a causa del descenso de la mortalidad. Sólo una minoría de sus habitantes trabajaban en el campo, pero con pocos agricultores se producían muchos alimentos. Las ciudades eran enormes, porque gran parte de los que antes se dedicaban a la agricultura habían acudido a ellas, para trabajar en la industria o en los servicios. En las ciudades, las fábricas producían bienes industriales a gran escala. El comercio era voluminoso, y las mercancías se transportaban por medio del ferrocarril o de los buques a vapor.

Al incrementar la productividad del trabajo, la Revolución Industrial aumentó la producción y el consumo por habitante. Desde entonces, la riqueza de los países industrializados ha crecido por encima de sus poblaciones. Esto último ha supuesto, sin duda, el cambio económico más importante de la Historia.

Cómo se mide el crecimiento económico

El crecimiento económico puede definirse como el aumento de la producción de bienes y de servicios por habitante a lo largo del tiempo. En Economía, se denomina bienes a los objetos materiales que sirven para satisfacer necesidades humanas. Son bienes, por ejemplo, el pan, los vestidos y las máquinas con las que se producen el pan y los vestidos. Los servicios son actividades que también sirven para satisfacer necesidades humanas, pero que no producen bienes materiales. Así, el transporte de mercancías o el trabajo de un médico no producen nada material, pero satisfacen necesidades del hombre.

Un país experimenta crecimiento económico cuando, año tras año, aumenta su producción de pan, de vestidos o de máquinas, su comercio o el número de sus hospitales. Este crecimiento se mide mediante una magnitud llamada *renta nacional*, que es la suma de los bienes y servicios finales producidos en un país durante un año. Para averiguar la renta nacional, es preciso sumar bienes (pan, vestidos, máquinas, etc.) y servicios (transporte de mercancías o

En el diagrama observamos el gran crecimiento de la renta nacional y de la renta per cápita en Alemania durante los años de su industrialización (1817-1913).

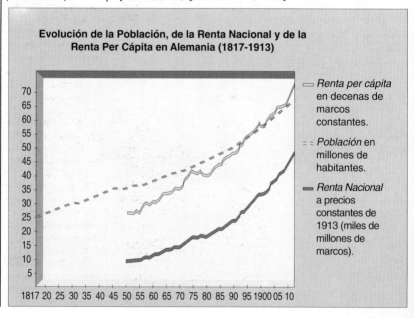

Evolución de la Población, de la Renta Nacional y de la Renta Per Cápita en Alemania (1817-1913)

⎯ *Renta per cápita* en decenas de marcos constantes.

= = *Población* en millones de habitantes.

▬ *Renta Nacional* a precios constantes de 1913 (miles de millones de marcos).

trabajo de los médicos, etc.). El único modo de hacerlo es sumar los valores monetarios de los bienes y de los servicios, de manera que la renta nacional se expresa en moneda. La evolución de la renta nacional puede utilizarse como medida del crecimiento económico. Supongamos que la renta de un país ha evolucionado del siguiente modo durante 20 años:

Año 1 100	dólares
Año 10 140	»
Año 20 180	»

Estas cifras nos indican, a primera vista, que ese país ha crecido económicamente. Sin embargo, para que la renta nacional no resulte una magnitud engañosa, es preciso ajustarla a los cambios en el nivel de los precios. Imaginemos que los precios del país en cuestión subieron un 30 por 100 entre el primer y el último año. Entonces, la renta nacional del año 20 ya no será de 180 dólares, sino de un 30 por 100 menos, es decir, de 126 dólares. El crecimiento económico es sensiblemente menor al convertir unos precios llamados *corrientes* en otros denominados *constantes*. Para que la renta nacional no resulte una medida engañosa debe, pues, expresarse en valores constantes.

La Revolución Industrial supuso un cambio profundo no sólo para las actividades manufactureras; alcanzó también a la agricultura, los caminos y transportes, la población, tanto respecto a su distribución como a su crecimiento, el comercio, la economía en suma, las estructuras sociales y la concepción del mundo. Las pequeñas ciudades preindustriales crecieron y las relaciones del hombre con su entorno variaron drásticamente.

Pero también la evolución de la renta nacional en valores constantes puede ser una magnitud falsa para medir el crecimiento. Supongamos este caso:

Renta nacional	Población	Renta per cápita
Año 1: 100 dólares	100 habitantes	1 dólar
Año 20: 126 dólares	126 habitantes	1 dólar

Se observa que, en el año 1, la renta per cápita (renta nacional/población) era de un dólar y que, 19 años más tarde, seguía siendo de un dólar porque la población había crecido tanto como la renta. En cambio, si la población hubiera aumentado sólo de 100 a 110 habitantes, la renta per cápita se habría elevado a 1,14 dólares (126/110), y sí se habría producido un crecimiento económico al aumentar la riqueza más que la población.

Esta última magnitud, la renta per cápita, es el índice más utilizado para medir el crecimiento económico. Tiene el inconveniente de que distribuye la riqueza de un país a partes iguales entre sus habitantes, cosa que evidentemente nunca sucede. No obstante, la evolución de la renta per cápita es un ter-

Imagen de una mina en Gales, a finales del siglo XVIII: obsérvese cómo aún se utiliza la energía animal para mover las máquinas.

mómetro para medir el crecimiento económico, ya que esa renta per cápita constituye un indicador de lo que cada habitante produce y consume, y esto último, en definitiva, es el crecimiento económico.

La Revolución Industrial logró que algunos países experimentaran en el siglo XIX un crecimiento económico sin precedentes en la Historia. Se inició en Inglaterra a fines del siglo XVIII. Luego se extendió a Francia, Alemania, Bélgica, Estados Unidos y Japón. Estas naciones y otras que se industrializaron más tarde forman parte de lo que hoy es el «mundo rico». Los países que no se han industrializado conocen todavía la pobreza.

Antes de estudiar qué fue la Revolución Industrial y cuáles fueron sus causas y consecuencias, es conveniente conocer las economías preindustriales, así resultará más fácil entender lo profundo de las transformaciones originadas por la Revolución Industrial.

El crecimiento económico

Contraste entre dos épocas: una diligencia destrozada yace en el corral mientras, al fondo, el tren recorre la campiña.

2

Las economías preindustriales: un crecimiento débil o nulo

Hemos definido el crecimiento económico como el aumento ininterrumpido de la renta por habitante. Pues bien, antes de la Revolución Industrial, Inglaterra, Francia o Alemania tenían una renta per cápita pequeña, que, además, crecía poco.

Se ha calculado, por ejemplo, que la renta nacional inglesa era de 43 millones de libras a fines del siglo XVII. Gran Bretaña tenía entonces unos cinco millones de habitantes, de manera que su renta per cápita oscilaba entre 8 y 9 libras. Esta pequeña cantidad nos dice que los trabajadores ingleses del siglo XVII tenían una baja productividad. Llamamos productividad a la cantidad de, por ejemplo, trigo o paño que cada trabajador produce en un tiempo determinado. Así pues, cada agricultor o tejedor inglés del siglo XVII producía al año poco trigo o pocos paños, y lo mismo sucedía con el resto de los trabajadores. Al producir poco, se consumía poco, lo

El contraste riqueza-pobreza en una sociedad preindustrial se evidencia comparando los grupos sociales 1 a 4 (3,4 por 100 de la población, 26 por 100 de la renta nacional) con los restantes.

Distribución de la renta nacional inglesa en 1688, según las estimaciones de Gregory King			
GRUPOS SOCIALES	NUMERO DE FAMILIAS DE CADA GRUPO	RENTA TOTAL DE CADA GRUPO (LIBRAS)	RENTA PER CAPITA EN CADA GRUPO (LIBRAS)
1. Lores, caballeros y alto clero	16.586	5.663.800	entre 70 y 50
2. Altos funcionarios	10.000	1.800.000	entre 27 y 18
3. Grandes comerciantes	10.000	2.400.000	entre 50 y 33
4. Miembros de la Administración de Justicia	10.000	1.400.000	20
5. Oficiales del Ejército	9.000	640.000	15
6. Profesionales liberales	16.000	960.000	12
7. Pequeños propietarios	180.000	10.360.000	entre 12 y 10
8. Bajo clero	10.000	480.000	entre 10 y 9
9. Tenderos y pequeños comerciantes	40.000	1.800.000	10
10. Artesanos	60.000	2.400.000	10
11. Pequeños propietarios agrícolas	150.000	6.600.000	8
12. Marineros	50.000	1.000.000	7
13. Soldados	35.000	490.000	7
14. Trabajadores y criados	364.000	5.460.000	2
15. Colonos y pobres	400.000	2.000.000	2
16. Vagabundos	—	60.000	2

que, por supuesto, no significa que *todos* los ingleses fueran entonces pobres, sino que la mayoría de la población lo era.

Además de ser pequeña, la renta per cápita no aumentaba de forma sustancial. La renta por habitante de Gran Bretaña en el siglo XVI era también de unas 8 ó 9 libras. Este estancamiento económico se debía a que cada trabajador inglés del siglo XVII producía prácticamente la misma cantidad de bienes o de servicios que sus antepasados del siglo anterior. La productividad del trabajo estaba estancada. La renta nacional sólo crecía cuando aumentaba la población: más agricultores o más tejedores producían más trigo o más paños, aunque la productividad de cada uno fuera constante. Pero, como veremos, ese aumento de la producción total se interrumpía cada vez que el hambre o las epidemias diezmaban a la población.

La pobreza y el estancamiento económico de las sociedades preindustriales se comprenderán mejor si analizamos por separado su población, su agricultura, su industria y su comercio.

Esta escena de la vida cotidiana del siglo XVI, fragmento de un cuadro de Brueghel *el Viejo,* representa la celebración de una boda, donde como único lujo se come y se bebe en abundancia.

La población

La demografía estudia cómo y por qué aumenta o disminuye la población; constituye un eficaz auxiliar de la Historia. Arriba, fragmento de *El triunfo de la muerte,* **de Brueghel** *el Viejo,* **donde se reflejan los terrores de toda una época.**

La hegemonía de la mortalidad

El rasgo más sobresaliente de las poblaciones anteriores a la Revolución Industrial era su elevada mortalidad, grande entre los niños (por término medio, de cada mil niños morían 300 ó 400 antes de cumplir un año, cuando hoy, en los países ricos, sólo fallecen 10 ó 15 niños de cada mil nacidos) y también alta entre los jóvenes y los adultos. Cada año fallecían 30 ó 40 personas de cada mil, mientras que las naciones desarrolladas tienen actualmente tasas de mortalidad inferiores al 9 por 1.000

La mortalidad de las sociedades preindustriales alcanzaba con frecuencia cifras catastróficas: el 200 y 300 por 1.000 (en determinados años fallecían 200 ó 300 personas de cada 1.000). La razón de estas bruscas elevaciones de la mortalidad estribaba en las malas cosechas o en las epidemias. Bastaba una sucesión de años de baja producción agrícola para que una población hambrienta fuera presa de enfermedades que la diezmaban. La falta de higiene y el hacinamiento eran asimismo causas de epidemias, incurables entonces por falta de conocimientos médicos.

La natalidad de las sociedades preindustriales era también alta: entre el 35 y el 45 por 1.000, más del doble de la natalidad actual de los países desarrollados. Hoy, por ejemplo, una mujer casada que viva en un país rico suele tener uno o dos hijos; una madre del siglo XVIII, unos cinco niños como media. La alta natalidad permitía el crecimiento de la población pese a la elevada mortalidad. Cada año moría mucha gente, pero también nacían muchos niños.

Algunas tasas empleadas en Demografía

$$\text{Tasa de natalidad} = \frac{\text{Número de nacidos en un año}}{\text{Población total ese año}} \times 1.000$$

$$\text{Tasa de mortalidad} = \frac{\text{Número de fallecidos en un año}}{\text{Población total ese año}} \times 1.000$$

$$\text{Tasa de crecimiento vegetativo} = \text{tasa de natalidad} - \text{tasa de mortalidad}$$

$$\text{Tasa de mortalidad infantil} = \frac{\text{N.º de niños fallecidos con menos de un año}}{\text{Número de niños nacidos ese año}} \times 1.000$$

El crecimiento vegetativo de las sociedades preindustriales oscilaba entre el 5 y el 10 por 1.000 anual, ya que ese crecimiento es la diferencia entre una natalidad del 35-45 por 1.000 y una mortalidad del 30-40 por 1.000. Si la población hubiera mantenido este ritmo acumulativo o constante de crecimiento, se habría multiplicado mucho más de lo que lo hizo, pero las hambrunas y las epidemias elevaban con frecuencia la mortalidad a cifras catastróficas que anulaban el crecimiento vegetativo anterior. No se alcanzaba, por lo tanto, un aumento sostenido de la población. A principios del siglo XVI, por ejemplo, Europa tenía unos 90 millones de habitantes, y dos siglos después sólo 115. En cambio, el continente pasó de 175 a 400 millones de habitantes durante el siglo XIX.

En las sociedades preindutriales, más del 75 por 100 de la población activa trabajaba en el campo, porque la producción de alimentos requería mucha mano de obra. En la industria y los servicios sólo trabajaban el 20-25 por 100 de la población. Artesanos, comerciantes, nobles y clero vivían en las ciudades, que eran pequeñas al ser poco numerosas estas clases sociales.

La población

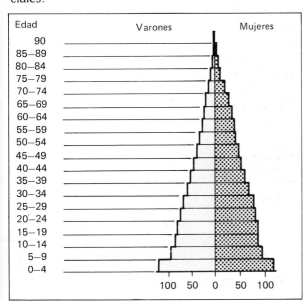

Pirámide de una población preindustrial. La base de la pirámide es ancha, ya que en ella se representa a los nacidos, y la natalidad en aquella época era grande. Pero inmediatamente, al pasar al grupo de 5 a 9 años, se produce un escalón, lo que significa que muchos niños no sobrevivían hasta alcanzar esa edad. La pirámide se va estrechando en cada escalón: sobrevivían muy pocas personas con más de 50 años.

ROTACION BIENAL DE CULTIVOS

PRIMER AÑO

Cereal de invierno | Barbecho

SEGUNDO AÑO

Barbecho | Cereal de invierno

La agricultura de las sociedades preindustriales tenía un rendimiento muy bajo: cada campesino era capaz de producir una cantidad de alimentos escasa, y le sobraba muy poco (a veces, nada) para intercambiar por otros productos. A finales del siglo XVIII la mayoría de la población se dedicaba a las labores agrícolas.

La agricultura, incapaz de alimentar a toda la población

La producción obtenida por un campesino depende de lo que rinda la tierra que ha cultivado y de la extensión de esa tierra. Los rendimientos de la tierra se miden en cantidades por hectárea. De cada hectárea se recolecta mucha o poca cosecha por varias causas. Ahora nos interesa destacar sólo dos: la fertilidad natural del suelo y la cantidad de abono utilizado. Cuanto más fértil y mejor abonada esté una hectárea, mayor será su rendimiento.

La productividad de un campesino depende también de lo grande o pequeña que sea la superficie que cultive. La superficie cultivada por un campesino obedece a muchos factores, económicos y no económicos, pero ahora, de nuevo, nos interesa destacar sólo dos. El primero es el tipo de maquinaria o de herramientas: disponiendo de tractor y de cosechadora, un campesino podrá arar mucha tierra y recolectar la cosecha, pero con un arado tirado por un buey y recolectando con sus manos, ese mismo campesino podrá trabajar poca tierra. El segundo factor son los barbechos, la parte de la tierra que debe descansar para recuperar su fertilidad natural cuando el abono escasea. Un campesino cultivará más o menos tierra según sea la extensión de la que deje en barbecho.

Ahora estamos en condiciones de entender la baja productividad del campesino de los siglos XVI, XVII o XVIII. La unidad de producción más numerosa entonces era la pequeña o mediana explotación familiar. Trabajaban en ella el padre, la madre y los hijos solteros. La familia campesina ocupaba poca super-

Porcentajes de población activa en 1750

FRANCIA		SUECIA	
Agricultura	76%	Agricultura	75%
Industria	14%	Industria	13%
Servicios	10%	Servicios	12%

ficie, ya que sus herramientas no le permitían trabajar más tierra y tampoco abundaba el abono. Los suelos se abonaban con el excremento del ganado. Bueyes y caballos tenían por tanto una importancia vital en la agricultura. No sólo servían como fuerza de tiro del arado o del transporte en carros, sino que resultaban imprescindibles para abonar la tierra. Los animales se alimentaban en zonas de pastos y en los barbechos, o bien con plantas forrajeras que era preciso cultivar (alfalfa, trébol, avena...). El único modo de obtener más abono era criar más ganado, pero para alimentar a más animales debían ampliarse los pastos o los cultivos de forrajeras. Esto quitaba terrenos para plantar cereales, leguminosas u hortalizas, los alimentos humanos. A la inversa, tampoco podían extenderse demasiado estos cultivos, porque, entonces, disminuían los prados y las forrajeras. Por consiguiente, la cabaña y el abono. Este círculo vicioso explica por qué el abono de origen animal era poco abundante.

La escasez de abono obligaba a las familias campesinas a dejar en barbecho la mitad o la tercera parte de su tierra. La rotación bienal de cultivos consistía en plantar la mitad de la tierra y dejar descansando la otra mitad. Cuando la rotación de cultivos era trienal, la tierra se dividía en tres hojas y sólo una quedaba en barbecho. Los rendimientos de las zonas cultivadas resultaban cortos también a causa de la escasez de abono.

La producción de alimentos era pequeña no sólo por la baja productividad de los campesinos sino por la llamada «ley de los rendimientos decrecientes de la tierra», enunciada por David Ricardo (1772-1823), uno de los fundadores de la ciencia económica. Veamos un ejemplo para comprenderla.

Imaginemos una superficie de tierra de 25 hectáreas donde se cultiva trigo y en la que cada hectárea produce 100 kilos de trigo y no más porque resulta imposible aumentar ese rendimiento al no disponer de más abono. Veamos qué sucede con la productividad de los campesinos conforme aumenta el número de cultivadores sobre la misma superficie de tierra.

ROTACION TRIENAL
DE CULTIVOS

PRIMER AÑO

Cereal de invierno — Barbecho — Cereal de primavera y leguminosas

SEGUNDO AÑO

Cereal de primavera: leguminosas — Cereal de invierno — Barbecho

TERCER AÑO

Barbecho — Cereal de primavera: leguminosas — Cereal de invierno

La escasez de abonos obligaba a recurrir a la rotación bienal (página opuesta) o trienal (en esta página) de cultivos, lo que limitaba la productividad.

La vida en una granja medieval era una actividad colectiva, donde se compartían los animales y los aperos agrícolas. Los árboles se utilizaban como fuente de energía y como material de construcción. El uso del hierro para hacer herramientas se incrementó paulatinamente.

El cuadro señala que si los campesinos son 0, la producción de trigo es 0. Esto es una perogrullada, pero posee la utilidad de poner de manifiesto que sin trabajo humano no se crea riqueza. Hacemos trabajar luego a un campesino soltero durante un año, suponiendo que puede cultivar sólo 10 hectáreas porque sus herramientas no le permiten otra cosa: la producción de trigo pasa de 0 a 1.000 kilos, ya que el campesino ha trabajado 10 hectáreas y cada una rinde 100 kilos (10 × 100 = 1.000). El cuadro señala asimismo que la productividad o cantidad de trigo obtenida por el primer campesino es de 1.000 kilos (1.000/1).

Continuemos con el ejemplo imaginando que el campesino se ha casado y que su mujer trabaja también la tierra con herramientas y con cantidades de abono como las utilizadas por el marido. Hemos añadido un nuevo trabajador a la tierra y hemos supuesto que la tecnología no ha variado. La superficie cultivada será entonces de 20 hectáreas. Como cada una de ellas sigue rindiendo 100 kilos, la producción de

Ley de los rendimientos decrecientes de la tierra

PRIMER SUPUESTO (SUPERFICIE: 25 HECTAREAS; RENDIMIENTO: 100 kg/ha)

Número de campesinos	Superficie cultivada (ha)	Producción total de trigo al año (kilos)	Productividad de cada campesino al año (kilos)
0	0	0	—
1	10	1.000	1.000
2	20	2.000	1.000
3	25	2.500	833
4	25	2.500	625

SEGUNDO SUPUESTO (SUPERFICIE: 25 HECTAREAS; RENDIMIENTO: 50 kg/ha)

Número de campesinos	Superficie cultivada (ha)	Producción total de trigo al año (kilos)	Productividad de cada campesino al año (kilos)
0	0	0	—
1	10	500	500
2	20	1.000	500
3	25	1.250	416
4	25	1.250	312

trigo será de 2.000 kilos. La cantidad total de trigo ha aumentado, pero no la productividad de la pareja campesina, que continúa siendo de 1.000 kilos (2.000/2).

¿Qué sucederá con la productividad si añadimos más trabajadores a la misma extensión de tierra?

Alimentos insuficientes

David Ricardo aplicó a la economía el análisis deductivo, en contraste con los análisis históricos de economistas anteriores. Para él, la cuestión fundamental de la economía era la distribución de las rentas. Su obra principal, *Principios de economía política y tributación,* se publicó en 1817. Las teorías económicas de Ricardo representan el máximo desarrollo de los principios clásicos de la economía.

El primer hijo de la pareja sólo podrá cultivar las 5 hectáreas que quedan libres. Como cada una sigue rindiendo 100 kilos, este tercer trabajador producirá sólo 500 kilos. Si, por último, añadimos a la tierra el segundo hijo de la pareja —el cuarto trabajador—, podrá colaborar con sus padres y con su hermano, pero no por ello aumentará la producción de las 25 hectáreas. El cuadro indica cómo la productividad de la familia campesina es descendente a partir del tercer trabajador —pasa de 1.000 a 833 y 625 kilos por persona.

Lo lógico es que el tercer y el cuarto campesinos del ejemplo abandonen las 25 hectáreas para cultivar otras tierras donde lograr una mayor producción de trigo. Encontrarán sin duda terrenos fértiles que tengan rendimientos similares a los primeros y podrán, por tanto, alcanzar una productividad de 1.000 kilos. No obstante, todo volverá a repetirse cuando estos campesinos se casen y tengan hijos. Y así sucesivamente. Llegará, pues, un momento en que no será posible cultivar terrenos tan fértiles como los que producían 100 kilos por hectárea. Las nuevas tierras incorporadas al cultivo rendirán progresivamente 90-80-70-60-50... kilos por hectárea, al ser cada vez menos fértiles y no poder tampoco abonarse, ya que habrán quitado espacio para alimentar a más ganado. Si a estas tierras malas, que en economía se llaman marginales, les seguimos añadiendo campesinos, la producción y el consumo de cada uno bajarán enormemente (véase, por ejemplo, el segundo supuesto del cuadro).

La ley de los rendimientos decrecientes de la tierra no es pura teoría. Las agriculturas preindustriales padecían esta ley por su atraso tecnológico. Para alimentar a más hombres era preciso cultivar más tierra —extender los cultivos—. No se lograba obtener más alimentos con la misma cantidad de tierra —intensificar los cultivos—. El crecimiento de la producción agraria por vía extensiva desemboca de este modo en los rendimientos decrecientes. Esta es la razón por la que las agriculturas preindustriales no alcanzaban una producción por hombre sostenida o constante a largo plazo.

Otro factor que dañaba con frecuencia la producción de alimentos eran las malas cosechas. Hoy, si una helada o una sequía destruyen la cosecha de trigo de Castilla, los castellanos tendrán que pagar más caro el pan, pero no les faltará. Se importará trigo desde cualquier zona del mundo que produzca mucho. Esto no era siempre posible antes de la Revolución Industrial porque faltaban medios adecuados de transporte y porque tampoco era frecuente que una región produjera lo suficiente para abastecer íntegramente a otra con sus excedentes.

Grabado de la _Enciclopedia_ de Diderot y D'Alembert sobre las labores agrícolas en el siglo XVIII.

Alimentos insuficientes

El arado tradicional utilizado en Europa durante la Edad Media era el romano, adaptado a las características de la agricultura mediterránea. En el centro de Europa e Inglaterra se usaba el arado de ruedas, adecuado para regiones de clima húmedo. El arado giratorio, basado en el romano, se introdujo en Inglaterra en el siglo XVIII; su diseño fue objeto de estudios y cambios para mejorarlo, y aparecieron diversos modelos, como éste del escocés James Small. La mejora de los arados aumentó el rendimiento agrícola, al preparar mejor el suelo para la siembra.

Relacionemos ahora población y agricultura. El aumento o descenso de la población guardaba una mutua dependencia con el de la producción de alimentos. Para entender esa dependencia, distinguiremos dos tipos de ciclos, A y B. El ciclo A se caracterizará por el aumento de la población y de la producción total de alimentos. El B, por lo contrario.

En las economías preindustriales, los ciclos A se originaban así: la población no era numerosa; existían, por tanto, tierras fértiles en abundancia. Los hijos de los campesinos ocupaban muy jóvenes estas tierras y se casaban pronto, porque podían mantener a su futura familia. Aumentaba el número de matrimonios y el de hijos, ya que, al casarse muy jóvenes, las mujeres comenzaban a procrear con 20 años y no con 24 ó 26, de manera que tenían uno o dos hijos más a lo largo de su vida. Mayor número de matrimonios y mayor número de hijos por matrimonio hacían crecer la natalidad. La mortalidad no aumentaba, porque el cultivo de buenas tierras daba suficientes alimentos para mantener a los campesinos y a la población de las ciudades. Con una natalidad al alza y una mortalidad estancada, la población crecía.

En los ciclos B la población había crecido tanto que comenzaban a escasear las tierras fértiles; la natalidad disminuía, porque los campesinos no podían ahora ocupar tierras siendo tan jóvenes como antes. La edad de contraer matrimonio se retrasaba; incluso algunos campesinos debían quedarse forzosamente solteros en la misma tierra de sus padres o de sus hermanos casados. Descendía, pues, el número de matrimonios y también lo hacía la fecundidad: al casarse más tarde, las mujeres procreaban menos hijos a lo largo de su vida. Menos matrimonios y menos hijos por matrimonio hacían disminuir el número de nacimientos, es decir, la natalidad.

La mortalidad aumentaba en estos ciclos B, porque los rendimientos decrecientes de la tierra provocaban que la producción agraria dejara de ser suficiente para alimentar a toda la población. Al ser la demanda de alimentos muy superior a la oferta, los precios se disparaban. Los agricultores que no producían bastante para subsistir, carecían de dinero para comprar alimentos. La escasez y el hambre aparecían asimismo entre las clases más pobres de las ciudades. La desnutrición precedía a las enfermedades y a la muerte. Tras perecer parte de la población, las tierras fértiles volvían a ser abundantes y se reiniciaba otro ciclo expansivo.

Las economías europeas atravesaron varios de estos ciclos largos de expansión y depresión entre los siglos XIV y XVIII. Aunque su cronología no fue idéntica en todas partes, el siglo XIV y la primera mitad del XV conocieron una etapa B de depresión. Entre 1450 y fines del siglo XVI hubo expansión. Gran parte del siglo XVII fue de crisis y, por último, un nuevo ciclo A o de auge se extendió a lo largo del XVIII. Junto a estos ciclos económicos largos, las economías preindustriales atravesaron otros más cortos motivados por los efectos de las malas cosechas o por la

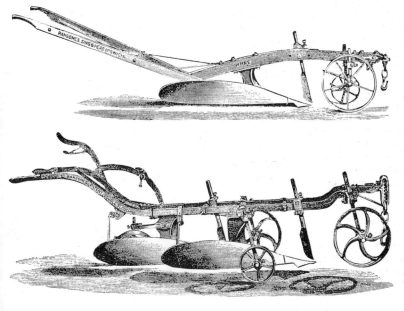

21

La desnutrición era la causa de algunas enfermedades, pero no de todas. El hambre, por tanto, no era la única responsable de la mortalidad catastrófica. La falta de higiene, las condiciones climáticas y la facilidad de difusión de las infecciones epidémicas contribuían al triunfo de la muerte.

irrupción de epidemias no causadas directamente por el hambre.

Hemos examinado hasta aquí cómo una agricultura con rendimientos decrecientes era incapaz de evitar las grandes hambrunas. Todo lo dicho puede resumirse con una frase malthusiana: la población crecía por encima de la producción de alimentos.

Sin embargo, durante la Edad Moderna ya se habían desarrollado métodos de cultivo capaces de incrementar los rendimientos de la tierra en algunas zonas de los Países Bajos y de Inglaterra, métodos que fueron la base de la futura Revolución Agraria del siglo XIX. Pero requerían inversión de capital y mayor superficie de tierra. No se generalizaron antes del siglo XIX por razones que es preciso buscar en un sistema feudal y comunal de propiedad de la tierra.

Antes del siglo XIX, la mayoría de la tierra pertenecía a la nobleza, al clero y a los municipios. La nobleza y el clero arrendaban sus propiedades, en forma de pequeños lotes de tierra, a las familias campesinas a cambio de una renta. Los municipios poseían tierras comunales, pertenecientes a todos los vecinos. Una parte de ellas se alquilaba a los campesinos más pobres a cambio de una pequeña suma y otra servía para que los vecinos obtuvieran gratuitamente abono vegetal, leña o pastos para el ganado.

Influencia del nivel nutritivo en algunos procesos infecciosos

BIEN DEFINIDA	INCIERTA O VARIABLE	MINIMA O INEXISTENTE
Morbillo	Tifus	Peste negra
Diarrea	Difteria	Malaria
Tuberculosis	Infecciones	Tétanos
Incapacidad	por estafilococos	Fiebre amarilla
respiratoria	Sífilis	Encefalitis
Parásitos intestinales	Infecciones	Poliomelitis
Cólera	en general	
Lepra		
Herpes		
Raquitismo		
Caries		
Litiasis renal		
Pulmonía		
Escorbuto		

Gran parte de las tierras de la nobleza, todas las del clero y las de los municipios no se podían dividir, vender ni comprar. A ello se le llamaba vinculación o amortización. El privilegio de vincular la tierra estaba refrendado por las leyes reales. La nobleza y el clero se defendían de este modo contra la fragmentación de sus patrimonios. Era una forma eficaz de asegurar su riqueza. La vinculación de las tierras comunales tenía otra finalidad: permitir a los vecinos más pobres disponer de tierra donde sobrevivir generación tras generación.

Tal sistema de propiedad impedía que la tierra pudiera ser adquirida por comerciantes o por campesinos ricos, clases sociales que disponían de capital y de mentalidad empresarial y que hubieran podido invertir su dinero en la compra de tierras y en la mejora de sus métodos de cultivo. Pero ello no sucedió hasta el siglo XIX, cuando las revoluciones burguesas destruyeron la propiedad feudal y comunal, convirtiendo la tierra en una mercancía comprable y vendible. Entretanto, la mayor parte de la nobleza y del clero dedicaba sus rentas al consumo de lujo y no a la mejora de sus tierras, arrendadas a los campesinos.

La guerra siempre ha necesitado grandes cantidades de productos manufacturados, desde buques hasta uniformes. La marina y el ejército creaban buena parte de la demanda de bienes industriales. Una industria poderosa suponía gozar de enormes ventajas en el terreno militar. En esta ilustración, escena de la batalla de Trafalgar (1805).

Escasa producción industrial

La producción industrial era pequeña antes del siglo XIX. Los países ricos producen hoy una gran cantidad de tejidos o de hierro porque existe una elevada demanda de estos bienes y porque las fábricas los ofertan a gran escala. En las economías preindustriales, la demanda de bienes industriales era escasa y tampoco se podían producir en grandes cantidades.

La baja renta de los campesinos hacía que éstos compraran muy pocos vestidos, muebles, enseres domésticos o aperos de labranza. Lo normal era que los propios agricultores confeccionaran parte de sus ropas y de sus muebles, y que construyeran sus casas. La pobreza de la mayoría de los campesinos —que era la mayoría de la población— hacía imposible una mayor demanda de bienes industriales.

La nobleza y el clero sí consumían muchos productos industriales, ya que sus rentas eran grandes. También la burguesía urbana, enriquecida con el comercio. Estas clases sociales demandaban productos de lujo para vestir (lanas de calidad, sedas, cuero, joyas...) o para viviendas e iglesias (piedras, rejas, cristales, muebles...), pero el número de nobles, clérigos y ricos comerciantes era lo suficientemente pequeño como para que la demanda de esos bienes no fuera considerable.

El resto de la demanda de productos industriales provenía de la propia industria, del transporte y del

ejército. Para producir bienes industriales, los artesanos demandaban talleres y herramientas. Los comerciantes demandaban madera, hierro o cuerdas para la construcción de carros y barcos. El mantenimiento del ejército generaba consumo: ropas, alimentos, armas, buques, fortines… Sumadas todas esas demandas, no se alcanzaba una demanda agregada o total importante. Los artesanos eran una mínima parte de la población y utilizaban muy poco capital fijo, esto es, talleres donde producir y herramientas con las que trabajar. El comercio no era voluminoso, luego no se necesitaban muchos carros o barcos. Tampoco las necesidades del ejército creaban un elevado consumo de bienes industriales.

La industria producía poco no sólo por esta escasa demanda, sino porque entonces era imposible producir tejidos, muebles o armas en grandes cantidades, a causa de la baja productividad de los artesanos. La unidad de producción industrial más numerosa era el pequeño taller de las ciudades. Trabajaban en él unos cuantos artesanos bajo las órdenes de un maestro, que era el dueño del edificio y de las herramientas. La división del trabajo era mínima en los talleres. Los artesanos solían fabricar la totalidad del producto. Cada trabajador realizaba así todas las operaciones necesarias para transformar la materia prima en manufactura; por ello, tardaba mucho tiempo en terminar un mueble o una joya.

Otras veces, los artesanos se dividían las distintas operaciones en el taller o incluso cada taller se especializaba en una sola fase de la elaboración del producto. Así se elevaba la productividad, pero seguía siendo pequeña porque existían pocas máquinas movidas con otra energía que no fuera la de los brazos de los artesanos. Las únicas fuentes de energía inanimada conocidas entonces eran las del agua y la del viento, que se utilizaban en algunos trabajos de las industrias harinera, textil y del hierro. No obstante, la mayoría de las operaciones industriales se efectuaban con herramientas manuales o con máquinas movidas por los trabajadores.

Además de ser pequeña, la producción industrial no crecía de modo sostenido o permanente. Aumen-

Industria rudimentaria

Ya a mediados del siglo XVIII los soldados iban provistos de un potente armamento, que requería una industria capaz de fabricar muchas unidades y de buena calidad. Los países donde tuvo lugar la Revolución Industrial adquirieron una enorme ventaja militar sobre los no industrializados.

taba durante los que hemos llamado ciclos A y disminuía durante las fases B.

Veamos primero lo que sucedía en un ciclo A. La demanda total de bienes industriales se elevaba al incrementarse la población. Mayor número de campesinos consumían mayor cantidad de vestidos o de muebles, aunque cada uno continuara consumiendo pocos vestidos o muebles. Mayor número de campesinos significaba asimismo mayores ingresos monetarios para la nobleza, el clero y la Hacienda Real, ya que aumentaba el número de familias a las que cobrar una renta por la tierra arrendada y el número de contribuyentes. La demanda de las clases feudales y la del Estado, por tanto, se elevaban. Al crecer la demanda de productos industriales, su producción u oferta también lo hacía. La industria necesitaba entonces más trabajadores. Ello fomentaba cierto éxodo rural. Crecía el número de artesanos y su demanda de alimentos y de capital fijo. Los intercambios campo-ciudad aumentaban y el mayor volumen comercial elevaba el consumo de medios de transporte.

Pero este mecanismo por el que el crecimiento de la población incrementaba la demanda y la producción de bienes industriales se quebraba cada vez que el sistema entraba en una fase B de depresión. La demanda de bienes industriales se desplomaba entonces por dos caminos. El primero era la alta mortalidad, que hacía disminuir el número de consumi-

Taller artesanal del siglo XVIII, según un grabado de la *Enciclopedia,* de Diderot. La producción era en ellos escasa y lenta, y los beneficios modestos.

dores. El segundo, las menores rentas feudales y del Estado, hechos también provocados por la mortandad catastrófica. Menos campesinos de los que obtener rentas y menos contribuyentes reducían los ingresos de la nobleza, de la Iglesia y de la Hacienda, con lo que su consumo disminuía. Al desplomarse la demanda total de bienes industriales, su producción también lo hacía.

Algunas industrias estaban organizadas mediante un sistema de trabajo a domicilio de campesinos y artesanos, a los que los comerciantes adelantaban la materia prima para que la manufacturasen. A este sistema, los historiadores alemanes del pasado siglo lo llamaron *Verlagssystem*. Los historiadores ingleses lo denominan *putting out system;* en castellano, puede aplicársele el término «sistema doméstico», aunque hay quien lo llama «sistema por adelantos».

Funcionaba del siguiente modo: los comerciantes compraban la materia prima que debía de manufacturarse, por ejemplo la lana, y la distribuían entre familias campesinas. Aprovechando las épocas de poco trabajo agrícola, los campesinos hilaban y tejían la lana en sus hogares. El comerciante recogía el paño, pagando a los campesinos un tanto por pieza. Los paños eran luego abatanados y coloreados por artesanos urbanos, a los que el comerciante también pagaba una cantidad por pieza. Terminado el producto, el comerciante se hacía cargo de su transporte y venta.

Industria rudimentaria

Ventas de mineral de hierro vizcaíno en los siglos XVIII y XIX

Años	Tons.
1700-50	10.000
1840-48	20.000
1876	350.000
1886	3.686.000
1896	5.424.000

Soldadura de un ancla en un taller del siglo XVIII, según la *Enciclopedia* de Diderot. La metalurgia avanzó espectacularmente a lo largo de la Revolución Industrial. Arriba, evolución de las ventas de mineral de hierro vizcaíno en los siglos XVIII y XIX.

27

Para algunos historiadores la Revolución Industrial se desarrolló en países donde previamente se había dado un *sistema doméstico* de producción, en que los comerciantes facilitaban la materia prima a artesanos que la trabajaban en pequeños talleres; luego, el comerciante la recogía, pagaba el trabajo y se encargaba de la venta.

Lo destacable del sistema era que los comerciantes intervenían en la producción industrial al adelantar la materia prima y ser dueños después de un producto que habían pagado por debajo de su valor de mercado. De ello obtenían un beneficio que les permitía acumular capital y seguir financiando la producción industrial. Esta no hubiera crecido de otro modo, ya que la pobreza de campesinos y artesanos les impedía adquirir la materia prima y comercializarla en mercados lejanos.

Algunos historiadores opinan que la Revolución Industrial se originó en regiones en las que previamente existía el sistema doméstico. Esta teoría ha sido bautizada como teoría de la «proto-industrialización». Es cierto que el *Verlagssystem* originó en algunas zonas de Europa condiciones favorables para la futura industrialización. Creó una mano de obra especializada y unos empresarios con capital y experiencia. Algunos de éstos fueron luego pioneros en la instalación de fábricas donde concentraron a esa mano de obra campesina y artesanal que antes trabajaba en sus hogares. Sin embargo, no todas las regiones que se industrializaron en el siglo XIX conocieron previamente el *Verlagssystem*, de manera que la llamada proto-industrialización es una fase posible, pero no necesaria, de la Revolución Industrial.

Comercio poco voluminoso y crecimiento débil o nulo

El comercio de las economías preindustriales no era voluminoso porque la agricultura y la industria producían poco y porque los medios de transporte resultaban inadecuados para un tráfico abultado, rápido y barato. De ahí que cada región tendiera a producir un poco de todo.

Esto no significa que el comercio de las economías preindustriales careciera de importancia. Las rutas comerciales del siglo XVIII abarcaban casi todo el planeta. Existían, pues, regiones que se habían semiespecializado en la producción de determinados bienes que cambiaban por otros comprados en zonas también semiespecializadas en su producción. No obstante, la cantidad de mercancías intercambiadas era ridícula en comparación con la que originó la Revolución Industrial. El contraste entre las ventas de mineral de hierro vizcaíno por el puerto de Bilbao en el siglo XVIII y XIX ilustra este hecho (ver pág. 27).

Como la población y las producciones agraria e industrial, el comercio no crecía de forma sostenida. Durante los ciclos A, la mayor población, la mayor producción de alimentos y la mayor producción industrial incrementaban la cantidad de bienes intercambiados. Durante las fases B, la mortalidad catastrófica y las menores producciones agraria e industrial reducían el volumen de mercancías comercializadas.

Las economías preindustriales producían pocos bienes y servicios, por la baja productividad de cada trabajador. Tampoco se daba a la larga un crecimiento económico constante o sostenido. Durante los ciclos A, la producción total (la renta nacional) crecía, al aumentar la población y, por tanto, el número de trabajadores, pero no se incrementaba la productividad de éstos, sino que descendía progresivamente. La escasez de alimentos provocaba el hambre y la mortalidad. Las crisis agrarias y demográficas de los ciclos B arrastraban consigo a la producción industrial y al comercio. Superadas las crisis, se iniciaba un nuevo ciclo A, pero en éste apenas se incrementaba la renta por habitante, pues cada trabajador seguía teniendo prácticamente la misma productividad que sus antepasados.

El comercio preindustrial

El comercio preindustrial, aunque importante en muchas zonas, era poco voluminoso en su conjunto. Figuras como las del cambista, que evaluaba el contenido real de metales preciosos de las monedas, tenían una enorme importancia y en cierto modo eran precursores de los banqueros.

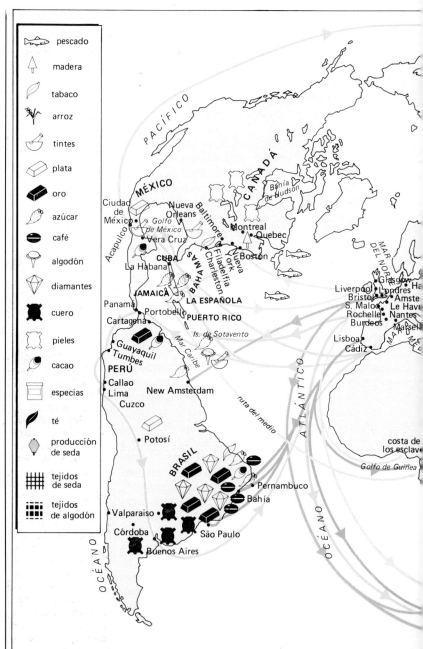

Leyenda:

- pescado
- madera
- tabaco
- arroz
- tintes
- plata
- oro
- azúcar
- café
- algodón
- diamantes
- cuero
- pieles
- cacao
- especias
- té
- producción de seda
- tejidos de seda
- tejidos de algodón

Topónimos:

PACÍFICO

MÉXICO
Ciudad de México
Acapulco
Golfo de México
Vera Cruz
Nueva Orleans
Baltimore
Montreal
Quebec
CANADÁ
Bahía de Hudson
CUBA
La Habana
Nueva York
Filadelfia
Charleston
Boston
BAHAMAS
JAMAICA
LA ESPAÑOLA
PUERTO RICO
Panamá
Portobelo
Cartagena
Is. de Sotavento
Mar Caribe
Guayaquil
Tumbes
PERÚ
Callao
Lima
Cuzco
New Amsterdam
Potosí
BRASIL
Pernambuco
Bahía
Valparaíso
Córdoba
São Paulo
Buenos Aires
ruta del medio
ATLÁNTICO
OCÉANO

MAR DEL NORTE
Glasgow
Liverpool
Bristol
S. Malo
Rochelle
Burdeos
Londres
Amste...
Le Havre
Nantes
Mar...
Lisboa
Cádiz

costa de los esclav...
Golfo de Guinea

OCÉANO

tle Village
turday, February 9, 2019 1:20:15 PM

le:	The end of the affair
m barcode:	R0429904974
ason:	Overdue Item
arge:	$0.25
le:	La Revolución Industr ial
m barcode:	R0094169189
ason:	Overdue Item
arge:	$0.50
tal charges:	$0.75
id:	$0.75

count balance: $0.00

ank You!

8

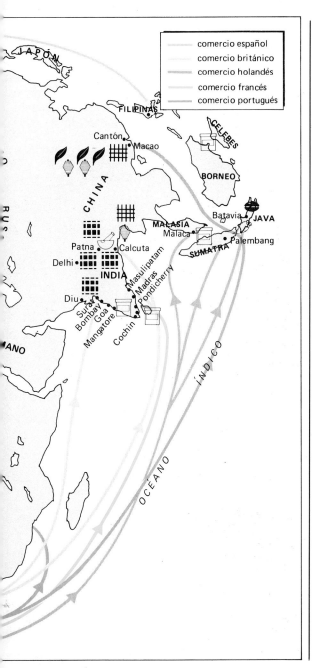

comercio español	
comercio británico	
comercio holandés	
comercio francés	
comercio portugués	

El comercio preindustrial

JAPÓN

FILIPINAS

CELEBES

Cantón • Macao

CHINA

BORNEO

Batavia • JAVA

MALASIA
Malaca •

Patna • Calcuta

SUMATRA • Palembang

Delhi •

INDIA

Masulipatam
Madras
Pondicherry

Diu •

Surat
Bombay
Goa
Mangalore   Cochin

RUS.

ÍNDICO

OCÉANO

MANO

Las rutas comerciales del siglo XVIII abarcaban casi todo el planeta. El comercio mundial se fue desarrollando con el avance del siglo: se compraba algodón en el Caribe, pagándolo con plata americana; se trabajaba en Inglaterra, Francia o España, y se vendía en Buenos Aires o en México, a cambio de plata, que se utilizaba para pagar más algodón. El transporte resultaba caro y lento, y ello encarecía aún más el precio de las mercancías.

31

3

¿Qué fue la Revolución Industrial?

La Revolución Industrial logró aumentar la productividad del trabajo humano. Ello hizo que las economías industriales comenzaran a producir muchos bienes y servicios y que, por consiguiente, elevaran su renta nacional y su renta per cápita. Desde entonces, los países industrializados han mantenido un crecimiento económico sostenido.

Un proceso de crecimiento económico

¿A qué llamamos Revolución Industrial? La palabra «revolución» indica un cambio no sólo profundo, sino rápido. Si situamos la primera Revolución Industrial, la inglesa, entre 1780 y 1850, abarcamos un período de setenta años. Incluso hay historiadores que fechan su origen hacia 1750, con lo que habría durado un siglo.

Setenta o cien años no son precisamente un período corto, de manera que la palabra revolución no es quizás la más adecuada para definir cambios que se produjeron a lo largo de tantas décadas. No obstante, es lícito emplearla en el sentido de transformación profunda. Los cambios económicos fueron tan grandes que, aun dividiéndolos por setenta o por cien, cada año arroja un saldo de progreso que cabe considerar revolucionario.

El adjetivo «industrial» también plantea problemas. ¿Significa que los cambios afectaron sólo a la industria? La Revolución Industrial se ha identificado a menudo con la aparición de fábricas donde se producían grandes cantidades de tejidos de algodón y de hierro gracias a la utilización de máquinas movidas a vapor o al empleo de otros inventos técnicos. Esta definición es sin duda restrictiva. Al industrializarse, Gran Bretaña experimentó cambios no sólo en esas dos industrias, sino en toda su economía. Esos cambios permitieron el aumento de su renta nacional por encima del aumento de su población.

En vista de todo lo anterior, el término Revolución Industrial debe aplicarse al crecimiento de la renta por habitante que algunos países experimentaron desde finales del siglo XVIII hasta las últimas décadas del siglo XIX.

La industrialización trajo consigo un crecimiento económico sin precedentes a lo largo de la Historia que no alcanzó a todos los países. Aquellos que no se industrializaron quedaron en absoluta inferioridad respecto de los primeros.

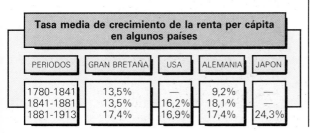

Tasa media de crecimiento de la renta per cápita en algunos países				
PERIODOS	GRAN BRETAÑA	USA	ALEMANIA	JAPON
1780-1841	13,5%	—	9,2%	—
1841-1881	13,5%	16,2%	18,1%	—
1881-1913	17,4%	16,9%	17,4%	24,3%

Características fundamentales de la Revolución Industrial

Primera: se aplicaron nuevas tecnologías a la producción de bienes y de servicios. A la vista de la relación de nuevas tecnologías utilizadas en la industria y en los transportes entre 1700 y 1900 (cuadro págs. 108-109) se observa que no hubo *un* invento, sino *muchos* inventos que elevaron la productividad del trabajo. No obstante, el cambio tecnológico puede resumirse así: se produjo mucho más mediante la utilización de máquinas movidas con energía inanimada y se emplearon nuevas materias primas más abundantes y eficaces que las anteriores.

Segunda: surgieron poco a poco unidades de producción distintas a las pequeñas explotaciones agrarias y a los talleres artesanales. En el campo, aparecieron explotaciones con mayor superficie. En la industria, fábricas donde se concentraban y encadenaban una tras otra todas las operaciones necesarias para la elaboración de un producto y donde los obreros se especializaban en las tareas requeridas por cada etapa de la producción. Fue desapareciendo de este modo el mundo de los pequeños productores agrícolas y artesanales, sustituido por otro en el que la tierra, las fábricas y la nueva maquinaria pertenecían a capitalistas que contrataban mano de obra asalariada. Todo ello también elevó la productividad del

El vapor, la fuente de energía por excelencia de la Revolución Industrial, fascinaba a muchos y aterrorizaba a otros. Su utilización pronto dejó de estar limitada a las fábricas para hacerse accesible a los ciudadanos «normales» de los países industrializados. Este grabado, de 1829, obra de H. Alken, lleva por título *El progreso del vapor.*

34

trabajo humano. El sistema fabril, sin embargo, no se generalizó con rapidez en todos los ramos de la industria. Como veremos, viejos sistemas como el *putting-out* o el trabajo artesanal independiente convivieron con la fábrica durante la Revolución Industrial.

Tercera: se originó una especialización económica de regiones enteras. Cada región dejó de producir, como antes, un poco de todo. Nacieron así grandes mercados nacionales e internacionales. Esa especialización elevó asimismo la productividad del trabajo.

Cuarta: este crecimiento económico supuso que el valor de la producción industrial y de los servicios llegara a superar el valor de la producción agraria. Un ejemplo aclarará esto. Se recordará que la renta nacional es la suma de los bienes y de los servicios producidos en un país durante un año y que esa suma se expresa en moneda. Pues bien, en la Inglaterra de principios del siglo XVIII, 70 de cada 100 libras de la renta nacional correspondían a bienes agrarios. En cambio, el valor de los bienes industriales y de los servicios ingleses en 1851 suponía 80 de cada 100 libras de la renta nacional británica. Ello no quiere decir, por supuesto, que disminuyera la cantidad de alimentos producidos en Inglaterra al compás del aumento de los productos industriales y de los servicios. Se trata de un crecimiento en el que aumentó la producción de trigo, de vestidos y de barcos, pero en el cual el valor monetario de los vestidos, de los barcos (bienes industriales), más el valor del transporte en barcos (servicios) resultó superior al valor del trigo (bienes agrarios).

Quinta: el crecimiento económico fue también distinto a cualquier otro anterior, porque se convirtió en

Nuevos tiempos

En este cuadro se refleja la variación en la renta nacional provocada por la industrialización en Francia y Gran Bretaña a lo largo del siglo XIX. Destaca lógicamente la disminución de la correspondiente a la agricultura y el incremento de la industrial.

Distribución de la renta nacional francesa e inglesa por sectores

FRANCIA	1789	1851	1900	GRAN BRETAÑA	1801	1851	1900
Agricultura	50%	36%	35%	Agricultura	33%	20%	6%
Industria	20%	34%	37%	Industria	29%	42%	38%
Servicios	30%	30%	28%	Servicios	38%	38%	39%

sostenido. Cada año se produjo y se consumió más. Es cierto que se dieron cortos retrocesos o crisis pero, cuando la producción y el consumo se recuperaban, siempre lo hacían por encima del nivel máximo alcanzado antes.

Cronología de la Revolución Industrial

Los historiadores pueden medir hechos económicos del pasado a través de la documentación conservada en archivos y bibliotecas. Pueden, por tanto, averiguar cuándo se inició la Revolución Industrial en un país midiendo, por ejemplo, la evolución de su renta nacional o la de su renta per cápita, o utilizando otro indicador como es el número de personas empleadas en la agricultura, en la industria y en los servicios. La Revolución Industrial se habrá iniciado en ese país cuando empiece a aumentar la parte de la renta nacional correspondiente a la producción industrial y a los servicios. O cuando la renta por habitante experimente un alza sustancial y sostenida. O, por último, cuando se eleve el número de trabajadores empleados en la industria y en los servicios. La Revolución Industrial habrá concluido cuando el valor de la producción industrial y de los servicios sea dominante en el conjunto de la renta nacional. O cuando el aumento de la renta per cápita se haya convertido en una norma. O, finalmente, cuando la mayoría de la población trabaje en la industria y en los servicios. El

En este cuadro de la evolución de la renta nacional y de la renta per cápita en los Estados Unidos, entre 1829 y 1899 se advierte el crecimiento ininterrumpido tanto de la población como del consumo por habitante. Por primera vez en la Historia se había conseguido, gracias a la Revolución Industrial, que la riqueza aumentara más deprisa que la población.

	Evolución de la renta nacional y de la renta per cápita en los Estados Unidos	
AÑOS	RENTA NACIONAL (MILLONES DE DOLARES)	RENTA PER CAPITA (DOLARES CONSTANTES DE 1919)
1829	975	171
1839	1.631	206
1849	2.420	244
1859	4.311	308
1869	6.827	246
1879	7.227	321
1889	10.701	398
1899	15.364	501

crecimiento económico continuará después, pero el proceso histórico de cambio al que llamamos Revolución Industrial habrá concluido.

Sin embargo, medir todo o parte de lo dicho antes del siglo XX es difícil, porque entonces no existían servicios estadísticos del Estado. Ello hace que muchas estimaciones no sean del todo fidedignas y que no se haya alcanzado un acuerdo unánime sobre la cronología de la Revolución Industrial. En Inglaterra, las fechas más aceptadas son 1770-1780 a 1830-1850. En Francia, 1790-1800 a 1860-1870. La Revolución Industrial alemana fue más tardía, pero más rápida (1830-1840 a 1870-1880). Los Estados Unidos se industrializaron entre 1830-1840 y 1870-1880. Japón entre 1875-1880 y 1914.

Este medallón conmemora la construcción entre 1828 y 1843 del túnel bajo el Támesis, en Londres. Fue el primer túnel que se construyó bajo el lecho de un río.

THAMES TUNNEL 1200 FT Lᵒⁿᵍ
COMMENCED 1824 BROKE IN 1828
RECOMMENCED 1835
OPENED TO PEDESTRIANS 1843

Condiciones previas para la Revolución Industrial

4

El gráfico de esta página mide una de las características del proceso histórico que nos ocupa: el espectacular aumento de la producción de todo tipo de bienes industriales (textiles, hierro, máquinas, ferrocarriles, buques, productos químicos, casas, muebles, alimentos en conserva, bebidas, papel...). Ello no hubiera sido posible sin mediar un conjunto de condiciones previas. Podemos simplificarlas de este modo: se necesitaba una demanda de grandes cantidades de productos industriales; se requería asimismo una mano de obra disponible para trabajar en la industria; por último, se precisaba de un capital para crear las fábricas donde producir esa gran cantidad de productos industriales. Son tres condiciones teóricamente sencillas, pero que se lograron de una forma realmente compleja. Fueron precisas una revolución agraria, una revolución demográfica, unos mercados más amplios, una previa acumulación de capital y, por si todo lo anterior fuera poco, también tuvieron que darse cambios políticos.

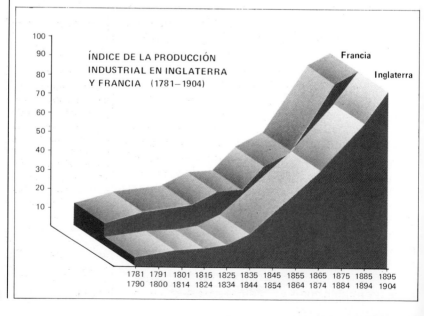

ÍNDICE DE LA PRODUCCIÓN INDUSTRIAL EN INGLATERRA Y FRANCIA (1781–1904)

La revolución agraria

La revolución agraria logró incrementar la productividad de los campesinos. Un número cada vez menor de trabajadores agrícolas produjo una cantidad cada vez mayor de alimentos. Para ello, fueron precisas diversas innovaciones tecnológicas, así como cambios en la propiedad de la tierra.

La revolución agraria se inició en la Inglaterra de fines del siglo XVIII. Desde aquí se extendió luego por otros países. En su primera fase, se aplicaron nuevos métodos de cultivo. Un segundo grupo de innovaciones posteriores a 1830 introdujo el uso de máquinas de vapor y de fertilizantes químicos.

El primer grupo de mejoras consistió en eliminar los barbechos, aumentar la superficie cultivada y obtener mayores rendimientos de cada hectárea. Los barbechos se suprimieron mediante un sistema de rotación cuatrienal de cultivos. Dos hojas de la tierra se plantaban con cereales o leguminosas. Las otras dos, con tubérculos (patatas, nabos) y forrajeras (alfalfa, trébol, colza, lúpulo). La introducción de tubérculos y forrajeras fue trascendental, porque estas plantas no desgastan los suelos, sino que, por el contrario, los enriquecen. Ello permitió que sobre las hojas ocupadas por nabos o alfalfa se plantaran al año siguiente los cereales. Además, los tubérculos y las forrajeras resolvieron el problema de la alimentación del ganado. El número de cabezas aumentó, y también lo hizo la cantidad de abono de origen animal. Los suelos pudieron entonces fertilizarse mejor y aumentaron los rendimientos por hectárea.

Otras mejoras técnicas que ayudaron a producir más alimentos fueron la selección de las semillas; la utilización de arados más perfeccionados y de máquinas sembradoras tiradas por caballos; el mayor empleo de éstos para arrastrar los arados y el drenaje de zonas pantanosas, que pasaron a ser cultivables gracias a las nuevas técnicas.

Las innovaciones introducidas en la agricultura después de 1830 continuaron elevando la productividad de los campesinos. El uso de fertilizantes químicos hizo posible cultivar mucha más tierra y obtener, además, mayores rendimientos en cada hectárea. Los tracto-

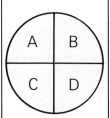

La rotación cuatrienal de cultivos supuso una notable mejora respecto de los sistemas bienal y trienal que vimos en las páginas 14 y 15. Los tubérculos y las forrajeras tienen un efecto enriquecedor del suelo, además de su utilidad como alimentos. A: Cereales. B: Leguminosas. C: Tubérculos. D: Forrajeras.

39

Esta ilustración de la *Enciclopedia* de Diderot muestra una escena típica de la economía rústica del siglo XVIII, en concreto la fabricación de carbón vegetal.

res, segadoras y trilladoras movidos con energía de vapor también contribuyeron a elevar la productividad. En el siglo XVIII, un campesino podía arar 0,4 hectáreas por día utilizando un arado tirado por un buey. A fines del siglo XVIII, araba 0,8 hectáreas con un arado perfeccionado y arrastrado por un caballo. El tractor a vapor aumentó a cinco hectáreas la superficie arable por un campesino en un día. Si Gran Bretaña fue la pionera en la introducción del primer grupo de innovaciones, los Estados Unidos impulsaron la era del maquinismo en el campo durante la segunda mitad del siglo XIX.

Todos estos cambios tecnológicos no hubieran sido posibles sin modificar la propiedad feudal y comunal de la tierra. Dos ejemplos históricos ayudarán a entenderlo. Buena parte de las tierras inglesas se explotaban a principios del siglo XVIII mediante un sistema comunal llamado *open-field* o campo abierto. Los campesinos de los *open-fields* eran pobres; carecían de medios para modificar los viejos sistemas de cultivo. El Parlamento inglés dictó desde el siglo XVII y a lo largo del siglo XVIII unas leyes conocidas como *Enclosures Acts* o actas de cercamiento de tierra. Los campesinos de los *open-fields* fueron expropiados y sus pequeñas parcelas se unificaron en forma de grandes explotaciones agrícolas acaparadas por

40

aristócratas, comerciantes o por los campesinos más prósperos. Los nuevos propietarios las cercaron e invirtieron en ellas el dinero necesario para introducir todas las innovaciones antes señaladas.

Francia no conoció, como Inglaterra, el fenómeno de los cercamientos en el siglo XVIII. No obstante, la Revolución Francesa destruyó el sistema feudal y comunal de propiedad de la tierra en varias fases. Durante la primera fase de la Revolución, se suprimieron los derechos feudales que todavía pesaban sobre los campesinos, la nobleza perdió el privilegio de vincular su tierra y las propiedades de la Iglesia fueron vendidas en pública subasta, por lo que pasaron a manos de comerciantes y campesinos acomodados que introdujeron en ellas los nuevos métodos de cultivo ingleses.

Durante la etapa revolucionaria más radical, las tierras comunales y las de la nobleza exiliada se repartieron entre los campesinos. Se intentó de este modo cumplir el ideal jacobino de una sociedad compuesta por pequeños productores iguales entre sí. Gran parte del campo francés quedó repartido entre una numerosa clase de pequeños y medianos propietarios cuya prosperidad aumentó al no tener que pagar rentas por la tierra que trabajaban. Estos campesinos fueron adoptando las innovaciones inglesas de forma paulatina, ya que no disponían de capital para hacerlo con rapidez. La revolución agraria fue, pues, más tardía y lenta que en Gran Bretaña pero, a la larga, sus efectos fueron similares.

La mecanización de las labores de la cosecha fue un proceso largo y difícil, pero de enorme trascendencia, ya que liberó al hombre de una de las tareas más duras e ingratas relacionadas con la producción de alimentos. En esta imagen, trilladora de finales del siglo XIX, impulsada por un motor de tracción.

Veamos los efectos de la revolución agraria. El primero fue la mayor producción de alimentos. A principios del siglo XVIII, Francia producía un promedio de 59 millones de quintales de cereal; hacia 1870 produjo 160 millones de quintales, casi el triple; Inglaterra, pasó de producir 27 millones de quintales a obtener 70. Ello permitió la progresiva desaparición de las hambrunas así como el abastecimiento de unas ciudades cada vez más pobladas. El segundo efecto fue el éxodo rural, consecuencia de la mayor productividad de los campesinos, creándose una mano de obra disponible para trabajar en la industria.

El tercer efecto originado por la revolución agraria fue el aumento de la renta de los propietarios de la tierra y de los jornaleros. Para comprender cómo sucedió esto, utilizaremos un ejemplo sencillo. Imaginemos que el coste total de producir 100 kilos de trigo es sólo la suma de los salarios de los 10 jornaleros que han trabajado la tierra de un propietario. Supongamos que cada jornalero ha recibido 5 chelines de salario. El coste total será de $10 \times 5 = 50$ chelines. Supongamos ahora que el propietario ha vendido cada kilo de trigo a un chelín, de manera que ha ingresado 100 chelines. Los beneficios del propietario serán la diferencia entre ese ingreso y el coste total, es

Muchas de las mejoras introducidas en la maquinaria agrícola utilizaban aún la tracción animal, como este rodillo que fue presentado en la Gran Exposición de Londres, en 1851.

decir, 50 chelines. La renta del propietario es de 50 chelines —sus beneficios— y la renta de cada jornalero 5 chelines —su salario.

Imaginemos a continuación que ese propietario ha reinvertido parte de sus beneficios en introducir en su tierra mejoras técnicas que han elevado los rendimientos por hectárea y, por tanto, la productividad de los jornaleros. Supondremos, pues, que 7 jornaleros producen ahora 140 kilos de trigo y que, además, el salario de cada uno ha subido a 7 chelines. El nuevo coste total de producir 140 kilos de trigo es de 49 chelines (7 jornaleros por un salario de 7 chelines cada uno). El precio de cada kilo seguirá siendo de un chelín. El propietario habrá ingresado 140 chelines. Sus beneficios serán ahora mayores no sólo por este mayor ingreso, sino por el menor coste de producción. En efecto, sus beneficios sumarán 91 chelines (140 de ingreso menos 49 de costes). La nueva renta del propietario es de 91 chelines y la de los campesinos también ha aumentado a 7 chelines.

Este aumento de la renta en el campo permitió consumir más productos industriales. Los mayores beneficios de los dueños de la tierra y su reinversión elevaron, por ejemplo, la demanda de productos de hierro, imprescindibles para seguir mejorando la agricultura (arados, azadas, máquinas segadoras, herraduras...). La mayor renta per cápita de los pequeños

El vapor se fue imponiendo como fuerza motriz para la maquinaria agrícola. Los mayores beneficios conseguidos por los agricultores les permitieron invertir en nuevas máquinas que hacían aumentar el rendimiento de las explotaciones agrarias.

y medianos propietarios y de los jornaleros permitió, asimismo, que unos y otros compraran más vestidos o, sencillamente, que dejaran de vestirse con los que ellos mismos producían.

La revolución agraria, por tanto, impulsó un primer arranque de la industria del hierro, proveedora de bienes de capital —aperos de labranza— y un primer tirón de la industria textil de bienes de consumo. Más tarde, el campo siguió demandando productos industriales, porque su renta continuó aumentando. Las inversiones en máquinas de vapor y en fertilizantes, por ejemplo, continuaron incrementando la demanda de las industrias siderúrgica y química. También la mayor renta per cápita permitió a los agricultores consumir otros productos (casas, muebles, enseres domésticos…). La revolución agraria no sólo creó una primera gran demanda de bienes industriales: sostuvo luego esa demanda.

El cuarto y último efecto causado por la revolución agraria fue el suministro de capital y de empresarios a la industria. Aunque los historiadores menospreciaron el hecho de que terratenientes o campesinos acomodados hubieran sido empresarios industriales pioneros, hoy sabemos que entre los primeros fabricantes de textiles aparece un buen número de personas cuyo capital provenía de la agricultura.

Recordemos las tres condiciones previas para la producción industrial a gran escala: demanda, mano de obra y capital. La revolución agraria contribuyó a materializar parte de esas condiciones y constituyó, pues, una condición necesaria para el crecimiento económico, aunque no una condición necesaria y suficiente. Ella sola no hubiera bastado para promover la Revolución Industrial. Hicieron falta otras condiciones.

El porcentaje de agricultores en el conjunto de la población activa disminuyó drásticamente a lo largo del siglo XIX en los países donde tuvo lugar la Revolución Industrial. Sobre estas líneas, arado de vapor de mediados del siglo XIX.

Porcentaje de agricultores en el conjunto de la población activa			
	1801	1851	1901
Gran Bretaña	36%	21%	9%
Francia	70%	64%	40%

La revolución demográfica

Los motivos de la revolución demográfica son todavía objeto de polémica. Los demógrafos admiten que el factor más importante del crecimiento vegetativo fue el retroceso de la mortalidad. Si a principios del siglo XVIII la tasa media de mortalidad europea superaba el 35 por 1.000, hacia 1850 sólo morían anualmente 20 ó 25 personas de cada mil. Lo mismo sucedió con la mortalidad infantil. A mediados del siglo XIX ya no fallecían 300 ó 400 niños de cada mil nacidos, sino 150 ó 200. Desaparecieron, además, las mortalidades catastróficas. El problema radica en saber por qué cada año moría menos gente y por qué ya no se dieron años en los que fallecían 200 ó 300 personas de cada mil. Las hipótesis que han manejado los demógrafos son estas: avances en la medicina, mayor higiene y mejor alimentación.

Resulta difícil sostener que la reducción de la mortalidad en este período histórico se debiera a los progresos de la medicina. En el siglo XVIII, el único adelanto destacable fue el descubrimiento por Jenner, en 1796, de la vacuna contra la viruela. La vacunación de los niños redujo la mortalidad infantil, pero sus efectos sólo fueron perceptibles entrado ya el siglo XIX y la caída de la mortalidad infantil fue anterior. También es cierto que antes de 1850 la medicina logró diagnosticar algunas enfermedades o que se utilizó la quinina para combatir la fiebre. No obstante, éstos y otros tímidos progresos resultan insuficientes para explicar el descenso de las tasas de mortalidad. Sólo una minoría de la población tenía acceso a la medici-

Evolución de la población (millones de habitantes)				
	1700	1750	1800	1850
Gran Bretaña	6,8	7,4	10,5	20,8
Francia	19	21	27,3	35,8
Alemania	12	18	23	35,6
Toda Europa	115	134,3	175,7	275
USA	—	1,2	5,3	23,2

La población de los países en proceso de crecimiento industrial experimentó un incremento notable, a causa de varios factores, entre ellos las mejoras en la alimentación y en las condiciones higiénicas.

Las ciudades de la Europa del siglo XVIII no se caracterizaban por su salubridad, ni las casas por sus comodidades. Carecían de la mayoría de los servicios que hoy nos parecen indispensables: agua corriente, alcantarillado… Aquí, fiesta popular en París por el nacimiento del hijo de Luis XVI.

na privada e incluso es probable que los hospitales de la época contribuyeran a propagar las enfermedades más que a curarlas. En 1780, un cirujano inglés decía a sus discípulos: «Una mujer tiene más posibilidades de recuperarse si da a luz en la choza más miserable que si lo hace en un hospital. En la choza, estará más lejos del contagio de enfermedades.» Los efectos revolucionarios de la medicina son sin duda posteriores a la primera explosión demográfica de fines del XVIII—mediados del XIX.

Un factor que intervino de forma decisiva en la caída de la mortalidad catastrófica fue la desaparición de la peste. Todavía no se ha encontrado una explicación definitiva a este hecho. La hipótesis más aceptada es que se generalizó la costumbre de establecer cordones sanitarios. Al menor brote epidémico, el ejército se encargaba de impedir el acceso a comarcas o ciudades de los viajeros sospechosos de portar la enfermedad. Algunos progresos en la higiene, en la construcción de viviendas y en la recogida de basuras pudieron asimismo haber ayudado a erradicarla.

Las últimas pestilencias se dieron en Marsella (1720), Messina (1743) y Moscú (1789). En la primera mitad del siglo XIX hubo epidemias de gripe, tifus y cólera, pero sus secuelas no fueron tan catastróficas como las que en otros tiempos originó la peste.

La mejor alimentación debe considerarse como una causa crucial en el desplome de la mortalidad. La revolución agraria permitió una dieta más rica y abundante. Parece ser que el consumo de patatas desempeñó un importante papel en la mejor nutrición de las clases populares, aunque también se incrementó el consumo de pan blanco, de leguminosas y de hortalizas. Mejor alimentada que en cualquier época anterior, la población se hizo más resistente a las enfermedades. La Revolución Agraria disminuyó, además, el número de hambrunas. La Inglaterra del siglo XVIII conoció todavía cinco períodos de hambre. En cambio, en el siglo XIX sólo se produjo uno. Los años de malas cosechas cerealísticas se combatían ahora con el grano sobrante de años anteriores o bien importando trigo, lo que fue posible gracias a la mejora de los transportes.

El comportamiento de la natalidad entre 1750 y 1850 añadió más fuerza al crecimiento de la población. Excepción hecha de Francia, donde la natalidad descendió, el resto de Europa mantuvo prácticamente sus anteriores altas tasas de natalidad. La razón es preciso buscarla en las conductas de la nupcialidad y de la fecundidad. El desarrollo económico permitió un empleo elevado. Ello hizo que el número de matrimonios fuera alto y que las parejas se ca-

La revolución demográfica

La esperanza de vida también aumentó con la industrialización, pero aparecieron fenómenos desconocidos hasta el momento, como la contaminación, caricaturizada en esta imagen que hace referencia al Támesis en 1858.

Esperanza de vida al nacer (en años) en algunos países (siglos XVIII-XIX)			
PERIODO	GRAN BRETAÑA	FRANCIA	SUECIA
1700-1709	36,8	—	—
1720-1729	32,5	—	—
1740-1749	33,5	24,8	—
1770-1779	36,9	28,9	34
1800-1809	37,3	33,9	36,5
1820-1829	39,6	38,8	42,8
1850-1859	40	39,8	43,3

La revolución demográfica

La medicina experimentó avances notables, pero probablemente no fue un factor decisivo para el incremento de la población. En esta imagen, el biólogo francés Louis Pasteur, descubridor de la vacuna antirrábica.

saran jóvenes, con lo que las mujeres procreaban de 4 a 6 niños antes de la menopausia. Un alto número de matrimonios y de hijos por cada matrimonio no permitieron que la natalidad descendiera.

El retroceso de la mortalidad y la alta natalidad cambiaron el viejo sistema demográfico, en el que la población crecía poco, por otro caracterizado por un aumento constante del número de habitantes. Como vimos, las sociedades preindustriales alcanzaban un crecimiento vegetativo del 5-10 por 1.000 anual, que siempre era destruido por los períodos de mortalidad catastrófica. Desde mediados del siglo XVIII, el crecimiento vegetativo osciló, según los países, entre el 8 y el 13 por 1.000, y fue acumulativo.

La revolución demográfica plantea un segundo problema: ¿fue causa o consecuencia de la Revolución Industrial? Lo más razonable es considerar el aumento de población como consecuencia de los cambios económicos y admitir a continuación que éstos se vieron impulsados a su vez por el aumento demográfico. La revolución demográfica fue primero consecuen-

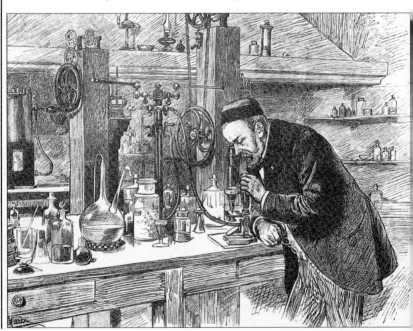

cia de las transformaciones económicas y luego causa de las mismas. Para comprender ésto tomemos como ejemplo el caso inglés. La población creció poco durante la primera mitad del siglo XVIII. Entre 1750 y 1821 se duplicó. La revolución agraria se produjo precisamente entonces. La mayor producción de alimentos facilitó así un primer aumento de población pues, de otro modo, se hubiera desembocado en una situación malthusiana y esto no sucedió. Al mismo tiempo, la industria incrementaba su producción y crecía el comercio. Gracias al mayor empleo en actividades industriales y servicios, una parte de la población en aumento logró salarios con los que alimentarse. Hasta aquí, los cambios económicos —la revolución agraria, sobre todo—, fueron causa del crecimiento de población. Ahora bien, la presión demográfica se convirtió en una de las causas de la Revolución Industrial, pues elevó tanto el número de consumidores como el de productores, contribuyendo así a crear dos de las condiciones previas de la industrialización (mayor demanda y mayor mano de obra).

La revolución demográfica

La revolución demográfica modificó la estructura por edad y sexo de la población en los países industrializados, así como su estructura profesional. La mayor productividad agrícola fomentó el éxodo rural hacia las ciudades, que crecieron al trabajar en ella los nuevos obreros de la industria y los servicios. Estas migraciones se dieron a nivel internacional: el fuerte crecimiento vegetativo superpobló algunas zonas de Europa (Irlanda, Galicia, etc.). El éxodo de población fue absorbido por la Europa industrial y, sobre todo, por el crecimiento económico de EE.UU. Esta pirámide de población, que refleja la revolución demográfica, contrasta con la de la página 13: base más ancha, escalones menos pronunciados, etc.

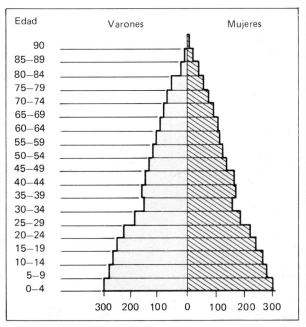

Los canales que atravesaban muchas regiones europeas fueron de importancia vital para el transporte de mercancías pesadas. Aunque el ferrocarril hizo disminuir su importancia, continuaron siendo (y aún hoy los son) vías de transporte baratas y eficaces.

Mercados más amplios

Ya vimos cómo las economías preindustriales no desarrollaron un comercio voluminoso ni tampoco unos medios de transporte adecuados. No obstante, los progresos acumulados a lo largo de los siglos XVI, XVII y XVIII crearon condiciones favorables para la Revolución Industrial. A mediados del siglo XVIII, existía un comercio campo-ciudad y ciudad-campo. Era posible colocar mercancías europeas en América o Asia y viceversa (véase mapa de las páginas 30-31). También se conocían técnicas comerciales como la letra de cambio, y funcionaban compañías comerciales por acciones. Existían, por tanto, unos cauces previos por donde pudo ir fluyendo el primer gran aumento de la producción agraria e industrial.

Sin embargo, esos cauces resultaron pronto estrechos por razones técnicas y políticas. Los caminos eran malos y no se reparaban. Cuando llovía, se convertían en lodazales por donde era imposible transitar. La navegación fluvial y marítima resultaba más rápida y menos cara que la terrestre, pero no barata. Incluso algunos países europeos conservaban a principios del siglo XIX aduanas interiores que entorpecían los intercambios, porque gravaban las mercancías al pasar de una región a otra. Todos estos obstáculos

debieron suprimirse para que la Revolución Industrial saliera adelante. Veamos algunos ejemplos.

En Gran Bretaña, los viejos caminos y los ríos bastaron en un primer momento para que los mayores excedentes de alimentos y de materias primas llegaran a las ciudades y para que la mayor producción de la industria llegase al campo. Pero pronto resultaron incapaces de asegurar rapidez y baratura a unos intercambios cada vez más voluminosos. Hubo que construir mejores caminos y, sobre todo, Inglaterra se llenó de canales que crearon un comercio interior más rápido y barato.

La previa existencia de un comercio internacional también sirvió para que Gran Bretaña encontrara mercados donde vender su producción industrial a cambio de recibir materias primas. El comercio inglés experimentó un importante crecimiento a lo largo del Siglo XVIII, elevándose con rapidez desde 1780. Buena parte de ese crecimiento provino de importar algodón bruto de la India y de los Estados Unidos para exportarlo luego, convertido en tejido, hacia los Estados Unidos, Europa, América latina y la India.

Más y mejores transportes

El *clípper* fue el buque por excelencia de mediados del siglo XIX, la culminación de la vela, en reñida competencia con los buques de vapor. La mejora de los cascos y de las velas hacía que estos elegantes barcos corrieran como yates por los océanos, compitiendo entre sí por hacer los viajes cada vez en menos tiempo. Este es el *Marco Polo,* que en 1852 fue llamado «el barco más rápido del mundo».

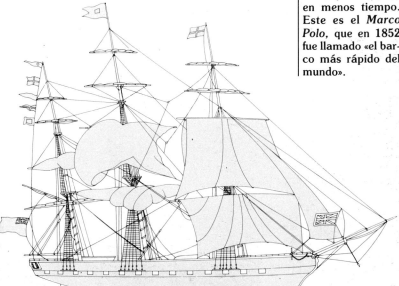

Las técnicas de navegación no habían progresado durante el siglo XVIII, de manera que en un primer momento bastó con aumentar el número de barcos a vela para dar entrada y salida al mayor volumen de mercancías. Luego hubo que lograr más rapidez y baratura en el transporte marítimo, lo que se consiguió sustituyendo los pesados veleros que tardaban 40 días en cruzar el Atlántico y cuyo tonelaje rara vez superaba las 100 toneladas por otros barcos llamados *clippers*, veleros mucho más largos que anchos, con mayor capacidad de carga y tan veloces como para hacer la travesía Europa-América en 14 días.

Algunos países europeos tuvieron que suprimir sus aduanas interiores para industrializarse. Alemania constituye el mejor ejemplo. Hasta 1834 no existió una unión aduanera entre los pequeños estados que formaban la Confederación Germánica. Era imposible, por tanto, fomentar un mercado interior por donde transitaran líbremente los productos.

Además de crear mercados el comercio suministró también capital y empresarios. Algunos de los comerciantes enriquecidos como intermediarios invirtieron sus beneficios en la industria. Como la revolución agraria y la demográfica, el comercio preindustrial fue una condición necesaria pero no suficiente para la Revolución Industrial. El solo no la hubiera desencadenado. Prueba de ello es que España no se industrializó a principios del siglo XIX, pese a disponer de un inmenso mercado en sus colonias americanas.

El vapor como método de propulsión de los buques no se impuso de inmediato a la vela por varias razones. En primer lugar, el viento que impulsaba las velas era gratuito, a diferencia del carbón. Por otra parte, las ruedas laterales que impulsaban a los primeros vapores se comportaban mal en los viajes oceánicos. Por ello, las máquinas de vapor se usaron al principio como simples auxiliares de las velas.

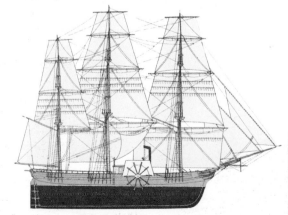

Capital para invertir en la industria

Otra condición necesaria para la Revolución Industrial fue la previa existencia de un capital para invertir en la industria. Esta cuestión ha sido objeto de un largo debate entre historiadores. Hay quien sostiene que el grueso del capital invertido en las primeras fábricas provino de la riqueza acumulada por los grandes comerciantes. En cambio, hay quien afirma que los empresarios pioneros fueron hombres con modestas fortunas obtenidas en negocios diversos —agricultores acomodados, pequeños comerciantes, maestros artesanos— o bien hombres que lograron reunir un corto capital con las aportaciones de familiares y amigos. Lo más razonable es mantener que el primer capital industrial provino tanto de la riqueza acumulada en el comercio como de las pequeñas fortunas.

En algunas zonas de Inglaterra, el *Verlagssystem* había creado una clase social de comerciantes ricos que ya intervenían en la producción industrial adelantando materia prima a campesinos y artesanos. Algunos de ellos se convirtieron en empresarios al descubrir que sus beneficios podían ser mucho mayores instalando fábricas que sustituyeran el trabajo doméstico y disperso por otro concentrado y mecanizado en un solo edificio. Por el contrario, se conocen ca-

---

Capital para invertir

La creación de las nuevas fábricas requería invertir mucho dinero, a diferencia de los pequeños talleres artesanales. Los primeros capitales para tal fin procedieron de los beneficios de las actividades comerciales en unos casos, y a aportaciones familiares hasta reunir un capital suficiente en otros. Sustituir el trabajo doméstico, disperso, por el mecanizado y centrado en un solo edificio produciría beneficios mucho mayores.

Las revoluciones burguesas

Las revoluciones liberales fueron otro de los factores que se hicieron necesarios para que la burguesía legislara según sus necesidades. En la página opuesta, toma de la Bastilla, París, año 1789: eran los inicios de la Revolución Francesa.

sos de otros condados británicos donde las primeras fábricas fueron financiadas mediante la asociación de capitales de terratenientes, campesinos acomodados y pequeñas fortunas familiares.

Como las otras condiciones previas de la Revolución Industrial, la acumulación de capital fue condición necesaria pero no suficiente. Un país como Holanda, donde se concentraban grandes fortunas comerciales, no llevó a cabo su industrialización durante el período que nos ocupa.

Las revoluciones burguesas

La última condición previa para la Revolución Industrial fue de naturaleza política. Las monarquías absolutas aseguraban los privilegios de las clases feudales. Ya vimos cómo esos privilegios —la vinculación de la tierra o los derechos feudales sobre los campesinos— impedían el crecimiento económico. Otra barrera institucional eran los gremios. Estas asociaciones de artesanos se protegían de la competencia a través de normas municipales que coartaban la

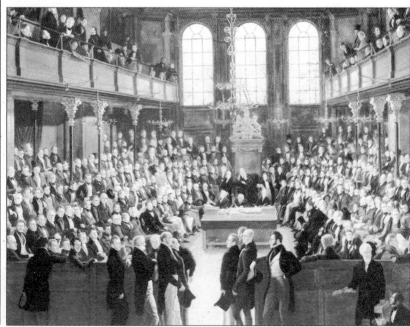

libertad de industria en muchas ciudades. Se prohibía, por ejemplo, la libre instalación de fábricas o de otros artesanos que no aceptara el gremio. También se vetaba la introducción de maquinaria en los talleres. Estos y otros obstáculos institucionales debieron de suprimirse para que la Revolución Industrial pudiera iniciarse.

Las revoluciones burguesas se encargaron de ello al crear parlamentos desde los que la burguesía y las clases medias construyeron el marco legal necesario para la industrialización. Fueron suprimidos los privilegios y derechos feudales. Se vendieron las tierras de la Iglesia y las comunales. Se abolieron los gremios. Desaparecieron las aduanas interiores. Se permitió la libertad de industria y de comercio. La revolución burguesa más temprana fue la inglesa, llevada a cabo en el siglo XVII. Los Estados Unidos y Francia realizaron sus revoluciones liberales a fines del siglo XVIII. El resto de los países de Europa Occidental experimentaron este proceso a lo largo de todo el siglo XIX.

Las revoluciones burguesas

Las revoluciones burguesas fueron una condición necesaria, pero no suficiente, para la industrialización: España se convirtió en un país liberal tras la derrota del carlismo en 1839, pero no se industrializó entonces. La Revolución Industrial fue el fruto de un conjunto de cambios: políticos, demográficos, de acumulación de capitales…

5

La Revolución Industrial hizo que el valor de la producción industrial y de los servicios pasara a ser dominante en el conjunto de la renta nacional.

Crecimiento de la industria y de los servicios

Las dos industrias que más crecieron fueron la del algodón y la del hierro. Fueron, además, las primeras industrias que se concentraron en fábricas y que emplearon tecnologías más productivas que las antiguas. Pero el aumento de la producción industrial no se limitó a los tejidos de algodón y al hierro. Otras industrias aumentaron también sus producciones. El crecimiento de toda la industria fue acompañado del crecimiento de los servicios. Ferrocarriles y buques a vapor posibilitaron un comercio más voluminoso. Bancos y sociedades anónimas sirvieron para financiar nuevas empresas. El crecimiento económico supuso, por último, la expansión de otros servicios: transporte urbano, tiendas, servicio doméstico, educación, sanidad, servicios administrativos del Estado...

La industria del algodón

No fue ninguna casualidad que la industria del algodón creciera más que otras durante la primera fase de la Revolución Industrial. La necesidad más perentoria del hombre es alimentarse. Luego, vestirse. Cuando la población posee una renta muy baja, como en las sociedades preindustriales, casi toda esa renta se gasta en alimentos. Queda después tan poco poder adquisitivo que se consumen pocos vestidos. Por el contrario, cuando se eleva la renta por habitante, lo lógico es consumir vestidos antes que comprar, por ejemplo, vidrio. Una razón tan sencilla como esta explica por qué las mayores rentas originadas por la revolución agraria beneficiaron la demanda de tejidos en mayor grado que la de otros productos industriales. Esa misma razón explica por qué la revolución demográfica disparó la demanda de textiles. Mayor número de hombres significa mayor consumo de vestidos. El tercer factor que favoreció la demanda de tejido fue el mercado exterior. La población de las zonas más atrasadas de Europa, de América y de la India consumía telas autóctonas, producidas artesanalmente. El consumo por habitante era pequeño debido a su pobreza, pero esa población era numerosa. Bas-

La industria textil

La industria textil experimentó un crecimiento espectacular en las primeras etapas de la industrialización. El hilado del algodón dejó en poco tiempo de ser una actividad artesanal, como muestran estas imágenes. En el antiguo sistema de manufactura textil el patrono adquiría las materias primas y se las entregaba a trabajadores «autónomos», que a veces eran propietarios de pequeños telares y otras alquilaban las máquinas al propio patrono.

La industria textil

Entre 1750 y 1830 se produjo en el sector textil un cambio por el que las industrias organizadas según un sistema proto-industrial pasaron a estar montadas según el sistema fabril. El control capitalista descentralizado se vio sustituido por el plenamente centralizado.

tó con ofertarle telas inglesas o francesas más baratas para que dirigieran sus preferencias hacia éstas y no hacia las de su artesanía. En algunos casos, estos mercados fueron coloniales, lo que aseguró su monopolio por parte del país exportador de tejidos. Gran Bretaña, por ejemplo, prohibió la entrada en la India de telas que no fueran de su industria.

Al aumentar la demanda de textiles hubo que incrementar su oferta. Ello se consiguió introduciendo innovaciones tecnológicas que elevaron la productividad de la industria textil. Tomemos como ejemplo lo que sucedió en Inglaterra. Para fabricar un tejido son necesarias, entre otras, estas operaciones: hilar, tejer, lavar, blanquear y colorear. Hilar y tejer son procesos mecánicos. Lavar, blanquear y colorear son procesos químicos. Hasta mediados del siglo XVIII, el hilado de la lana o del algodón se efectuaba con ruecas manuales o con tornos de pedales. Los hilos se tejían después entrelazando la urdimbre —los hilos verticales— con la trama —los hilos horizontales—. Ello se hacía en telares de madera movidos manualmente. Las telas se lavaban y suavizaban luego mediante ácidos y detergentes obtenidos de sustancias orgánicas (suero de leche, álcali extraído de algas marinas, jabones elaborados con grasas animales, etc.). Después, los tejidos se blanqueaban exponiéndolos al sol

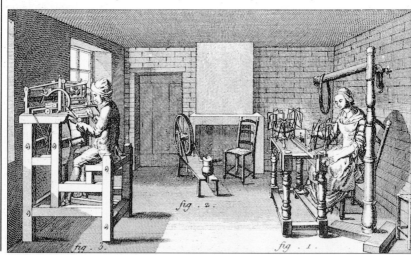

fig. 2.

fig. 3.

fig. 1.

durante días. Para tintarlos, también se utilizaban sustancias animales o vegetales (quermes, cochinilla, índigo, azafrán...). Todas estas operaciones se realizaban de forma dispersa en centenares de hogares campesinos y de talleres artesanales. Por lo general, el hilado y el tejido se llevaban a cabo en el campo. Los demás procesos de fabricación se hacían en las ciudades.

Cuando el consumo de tejidos comenzó a elevarse, surgieron innovaciones que hicieron frente a la mayor demanda. La primera fue la lanzadera volante, que aumentó la productividad de los tejedores. Haciendo uso de la nueva lanzadera, un tejedor fabricaba tres y cuatro veces más paño en el mismo tiempo que otro que utilizara un telar antiguo. La lanzadera volante rompió el equilibrio entre las operaciones de hilar y de tejer. Ese equilibrio consistía en lo siguiente: para que un telar antiguo pudiera fabricar un tejido en determinadas horas, era preciso disponer de una cantidad de hilo obtenida por cinco ruecas. Es decir, cada tejedor necesitaba del trabajo de cinco hiladoras. El equilibrio se rompió porque el telar con

Imagen de una factoría de algodón durante la Revolución Industrial, que muestra una máquina limpiadora de fibras; para ello se hacía pasar el algodón por un sistema de varillas giratorias.

lanzadera volante multiplicó por tres o cuatro la velocidad de tejer. Se comprenderá que, entonces, fueron precisas no ya cinco ruecas para proporcionar hilo a un telar, sino 15 ó 20. Cada tejedor pasó a necesitar el trabajo de 15 ó 20 hiladores. Ello creó problemas durante algún tiempo. Los nuevos telares quedaban desabastecidos de hilo y debían pararse. La situación no podía durar. Era necesario que las operaciones de hilar y de tejer marcharan a la misma velocidad. Se necesitaba un procedimiento para hilar más rápidamente.

Tres inventos contribuyeron a resolver el problema. El primero fue la *spinning jenny,* una máquina ingeniada por James Hargreaves en 1768. Con ella, un solo trabajador hilaba varios husos a la vez mediante un sistema mecánico movido todavía por los brazos del hilador. El segundo fue la máquina llamada *water-frame,* patentada por Richard Arkwright en 1769. El tercero, la *mule-jenny,* máquina inventada por Samuel Crompton en 1779. Estas dos máquinas hiladoras permitían la elaboración simultánea de decenas de husos mediante un complicado mecanismo movido con energía hidráulica. Con ellas se logró aumentar de uno a cien la cantidad de hilo fabricada en un mismo tiempo. Esta mayor productividad en la fase del hilado volvió a romper el equilibrio de la industria textil, ya que ahora fueron los telares con lanzadera volante movida por la fuerza del trabajador los que se encontraron en un atolladero. Se producía demasiado hilo al mismo tiempo para que los telares pudieran transformarlo en tejido con la misma rapidez.

Ahora había que inventar un telar que trabajara con mayor velocidad. Nacieron de este modo, primero, el telar mecánico de Cartwright, en 1787, y luego el más perfeccionado de Roberts, en 1882. Los hilos se entrelazaban al moverse mecánicamente los marcos del telar sobre los que estaba tensada la urdimbre y la lanzadera que se deslizaba entre esos marcos conteniendo la trama. Estos telares se accionaron primero movidos por caballos, y luego, con energía hidráulica.

El progreso tecnológico no se detuvo aquí. Dio un gran salto adelante cuando, desde fines del siglo XVIII, comenzó a aplicarse la energía de vapor tanto a las

La *water-frame* era una máquina de hilar accionada por energía hidráulica. La patentó Richard Arkwright en 1769. Fue la primera máquina de hilar que utilizó una fuente de energía independiente y constituyó una pieza clave para el desarrollo de la industria textil.

máquinas de hilar como a las de tejer. La máquina de vapor la ingenió James Watt en 1782. Esta máquina logró crear por vez primera en la Historia una fuente de energía inanimada mucho más eficaz que la del agua. El invento de Watt proporcionó una energía más barata, potente y regular. Adaptada al hilado y al tejido, revolucionó la productividad de la industria textil: la producción de tejidos de algodón ingleses se multiplicó por cien en 1780 y 1850, mientras que el número de trabajadores en la industria algodonera se multiplicó sólo por siete.

El aumento de la producción de tejidos obligó también a introducir innovaciones en las operaciones de lavado, blanqueo y coloreado. Fueron ahora los progresos de la química los que evitaron que se formara un cuello de botella en la industria textil. Las viejas sustancias orgánicas se sustituyeron por otras inorgánicas, mucho más abundantes y baratas. La fabricación a gran escala del ácido sulfúrico permitió suavizar con más rapidez la cada vez mayor cantidad de telas. La sosa, obtenida por reacción de la sal con el ácido sulfúrico, sustituyó a los viejos productos orgánicos en la fase del lavado. En cuanto al blanqueo, realizado, como vimos, exponiendo las telas al sol, un contemporáneo escribía en 1790: «No hay bas-

La industria textil

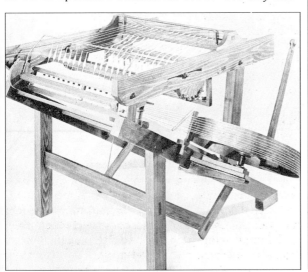

La *spinning jenny* o máquina de hilar de James Hargreaves, fue patentada en 1770, aunque se diseñó antes, en respuesta a una convocatoria de la Royal Society of Arts inglesa, que ofrecía recompensar a quien diseñase una máquina capaz de hilar varios cabos de distintos materiales a la vez (lana, lino, cáñamo o algodón), y que sólo requiriese una persona para hacerla funcionar.

La máquina de vapor atmosférica la inventó Thomas Newcomen en el año 1705. Se usaba básicamente para extraer agua de las minas por bombeo.

tantes prados en el Lancashire para blanquear la enorme cantidad de tejidos que se producen desde que la *mule-jenny* y el telar mecánico sustituyeron a las ruecas y a las lanzaderas volantes.» El cuello de botella lo resolvió también la química, blanqueando las telas con cloro. Después de 1850, los colorantes químicos sustituyeron a las viejas sustancias animales y vegetales, abaratando notablemente el tinte de los paños.

Todas estas innovaciones se aplicaron primero a la industria inglesa del algodón y sólo bien entrado el siglo XIX se introdujeron en la de la lana. ¿Por qué el algodón y no la lana, si Gran Bretaña poseía en su territorio grandes rebaños de ovejas y su industria tradicional había sido precisamente la lanera? Porque la fibra de algodón es dura, mientras que la de la la-

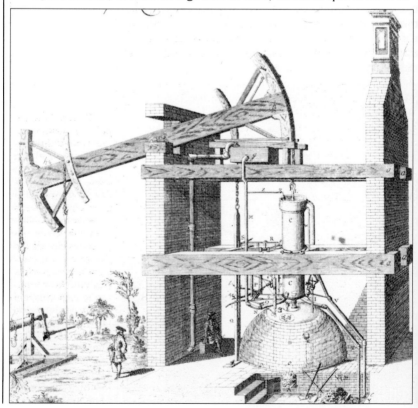

na es quebradiza. Las primeras máquinas eran todavía rudimentarias y de movimientos muy bruscos, de manera que la resistencia del hilo de algodón suponía una ventaja. Por otro lado, la producción textil a gran escala requería de un extraordinario consumo de materia prima. Para aumentar la cantidad de lana era preciso disponer de más pastos con los que alimentar a más ovejas. Ello chocaba en Inglaterra con la revolución agraria que, como vimos, redujo las zonas de pastoreo en beneficio de los cultivos. La lana se podía haber importado entonces, pero hubiera resultado más cara que el algodón. Las grandes plantaciones del sur de Estados Unidos ofertaban un algodón barato, ya que los costes eran muy bajos al utilizar esclavos negros que no recibían salario alguno (sólo se les alimentaba). Además, la introducción de las máquinas desmontadoras de algodón redujo sensiblemente los ya bajos costes de producción. En 1860, por ejemplo, Gran Bretaña importó una tonelada de algodón bruto quinientas veces mayor que a principios del siglo XVIII.

La diferencia entre países industrializados y sin industrializar se agudizó con el paso del tiempo; estos últimos quedaron relegados a meros productores de las materias primas que requerían las industrias de los países «ricos», recibiendo muy poco a cambio. En numerosas regiones del mundo la mano de obra era esclava (como en los algodonales del sur de los Estados Unidos), lo que reducía aún más los costes de producción.

La industria textil, transformada por la introducción de maquinaria, pasó a la etapa de buscar el embellecimiento de sus productos. En 1804, el francés Jacquard diseñó, basándose en ingenios anteriores, el primer telar capaz de realizar tejidos labrados.

Las primeras fábricas textiles

La utilización de máquinas movidas por energía hidráulica y luego por vapor obligó a crear las fábricas. La *spinning jenny* era una máquina de hilar pequeña y accionada por los brazos de un trabajador. La lanzadera volante perfeccionó el telar, pero éste seguía funcionando con la fuerza de un único tejedor. Ambas máquinas se acoplaban, por tanto, al trabajo en pequeñas unidades de producción, en hogares campesinos y talleres artesanales. En cambio, las innovaciones tecnológicas posteriores exigieron pasar de la industria doméstica y dispersa a la fábrica, donde se concentraron maquinaria y trabajadores. La *water-frame*, la *mule-jenny* y los telares mecánicos eran máquinas grandes y caras, accionadas con energía no humana. No podían dispersarse en centenares de hogares campesinos o de talleres artesanales. Todas las máquinas debían concentrarse en un solo edificio formando una cadena de producción como esta:

máquinas proveedoras de energía → máquinas de hilar → máquinas de tejer → lavado y tinte mediante sustancias químicas

La nueva organización fabril de la producción aumentó la productividad del trabajo e hizo descen-

der los costes y los precios de las telas de algodón. Un sencillo ejemplo aclarará esto último. Imaginemos que el coste total de producir 100 telas de algodón es sólo la suma de lo que ha costado la materia prima y de los salarios de los obreros. Supongamos a continuación que la materia prima ha costado 200 chelines y que cada obrero ha recibido un salario de 20 chelines, habiéndose necesitado 10 trabajadores. El coste total de producir 100 telas habrá sido de 400 chelines [$200 + (20 \times 10) = 400$]. El coste medio de cada tela será, por consiguiente, de 4 chelines [400 chelines/100 telas]. Para obtener beneficios, el empresario deberá vender cada tela a un precio superior a 4 chelines.

Imaginemos ahora que, mediante el empleo de nuevas máquinas, se triplica la productividad de los trabajadores, al mismo tiempo que es posible comprar algodón más barato en las plantaciones del sur de los Estados Unidos. Podemos suponer, entonces, un coste doble de la materia prima (400 chelines) para el triple de telas (300 telas) con el mismo coste de los salarios de los obreros (200 chelines). El coste medio de cada tela será ahora de 2 chelines ($400 + 200/300$): ha quedado reducido a la mitad. Incluso aumentando el salario de los 10 obreros a 400 chelines podrá descender el coste medio: $400 + 400/300 = 2,66$ chelines.

El desarrollo de la industria textil hizo necesario el de una arquitectura industrial, para albergar de manera racional las nuevas máquinas y hacer que la eficacia de las mismas resultase lo más alta posible.

En estos últimos casos, el empresario podrá vender las telas de algodón a precios inferiores y, pese a ello, obtener mayores beneficios. Este empresario imaginario estará interesado en rebajar costes y precios para vender más que sus competidores.

Esta caída de los precios incrementó la demanda de tejidos de algodón baratos producidos en fábrica, provocando la ruina de los pequeños productores domésticos. Muchos de estos encabezaron entonces un movimiento social conocido como *luddismo*, movimiento contrario a las máquinas y cuya práctica se centró precisamente en la destrucción de la moderna maquinaria textil.

La mayor producción de tejidos de algodón tuvo efectos positivos para el crecimiento económico. Los llamaremos «efectos de arrastre»: la industria del algodón «tiró» de otros sectores, haciendo que éstos también crecieran. Para producir más telas, fue preciso fabricar mayor cantidad de máquinas y de productos químicos (ácido sulfúrico, sosa o cloro). El crecimiento de la industria textil *arrastró*, por tanto, a las industrias metalúrgica y química. Para producir más telas fue preciso aumentar el número de obreros en las fábricas. Ello fomentó la construcción de viviendas para los trabajadores. Estos demandaban alimentos, lo que, a su vez, arrastró al sector de servicios urbanos —tiendas de comestibles, por ejemplo—. Por último, la mayor producción de telas contribuyó a la creación de unos medios de transporte más eficaces para su comercialización —canales, carreteras, *clippers*.

El crecimiento de la industria del algodón produjo diversos efectos de «arrastre económico», algunos de los cuales aparecen en este gráfico. La industria algodonera «tiró» de otras, al exigirles nuevos y mejores productos, al requerir más obreros que, necesariamente, habían de ser alimentados y alojados... Toda una reacción en cadena que afectó al conjunto de la sociedad.

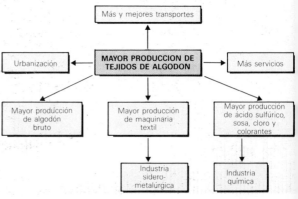

La industria del hierro

Tampoco fue ninguna casualidad que la industria siderúrgica creciera más que otras durante la Revolución Industrial. Los productos de hierro resultaban imprescindibles para fabricar bienes de capital. Un primer tirón de la demanda de hierro provino de los aperos de labranza que exigió la Revolución Agraria y de la maquinaria textil. También a fines del siglo XVIII comenzó a utilizarse el hierro como materia de construcción de viviendas, fábricas y puentes. No obstante, debieron transcurrir algunas décadas para que la demanda de hierro se multiplicara de forma espectacular. Desde 1840-1850, la construcción de ferrocarriles, la mecanización de un mayor número de industrias, el rápido proceso de urbanización y los mayores gastos militares dispararon el consumo de raíles, de locomotoras, de maquinaria, de vigas, de tuberías o de cañones. Esta mayor demanda pudo ser nutrida gracias a innovaciones tecnológicas que revolucionaron la productividad de la industria siderúrgica. Una breve descripción de cómo se fabricaba hierro antes de la Revolución Industrial ayudará a entender el papel que la nueva tecnología desempeñó en el aumento de su producción.

> **La sidero-metalurgia**

Fundición de hierro del siglo XVIII, según una ilustración de la *Enciclopedia* de Diderot.

La sidero-metalurgia

La física y la química progresaron notablemente a lo largo del siglo XVII, pero sus avances no encontraron aplicación práctica hasta el XVIII, cuando se descubrieron nuevos metales, nuevos métodos de análisis y la naturaleza de las aleaciones. La fuerza hidráulica permitió asimismo el uso de grandes y potentes máquinas para trabajar el hierro y otros metales.

El procedimiento más utilizado en la Europa de principios del XVIII era el llamado sistema indirecto. Constaba de dos fases. En la primera, se obtenía hierro colado y en la segunda hierro dulce. La primera fase consistía en mezclar mineral de hierro y carbón vegetal en un alto horno dotado con fuelles movidos con energía hidráulica, donde se alcanzaban temperaturas capaces de fundir el metal convirtiéndolo en hierro colado, muy duro, pero quebradizo porque contenía mucho carbono. Una parte del hierro colado pasaba directamente del alto horno a moldes con los que se fabricaban cañones u otras armas. El resto debía ser afinado para que perdiera carbono y se transformara en hierro dulce. El afino consistía en volver a calentar el hierro colado con carbón vegetal en hornos bajos. De ellos salía una masa pastosa maleable o plástica (hierro dulce), que era luego golpeada con grandes martillos hidráulicos para transformarla en barras. Otra veces, se hacía pasar por rodillos, también movidos por energía hidráulica, para obtener planchas y laminados. Las barras o planchas eran por último forjadas por herreros que, mediante martillos, limas o tornos de pedales, las transformaban en herramientas y utensilios (clavos, cuchillos, cerrojos, herraduras, rejas, arados, azadas...).

La organización de la industria siderúrgica presentaba caracteres capitalistas en las etapas de extracción de mineral y de producción de hierro. En ellas ya no existía trabajo artesanal. La explotación de minas, la construcción de saltos de agua o la de altos hornos exigían fuertes inversiones, que podían afrontar comerciantes o familias nobiliarias, pero nunca pequeños productores. Tampoco la tecnología utilizada era ya compatible con los talleres. Es inimaginable que centenares de artesanos hubiesen podido fabricar hierro en sus casas mezclando pequeñas cantidades de carbón y mineral en hornos diminutos. La industria siderúrgica tenía, por tanto, caracteres más modernos que la textil a principios del siglo XVIII. Estaba concentrada en instalaciones que solían reunir la etapa de obtención de mineral y de carbón vegetal, la etapa de producción de hierro colado, la de afino y la de fabricación de barras y planchas. También era una industria más mecanizada que la textil y en ella trabajaban obreros asalariados. Pero el panorama era distinto luego. La etapa de transformación de hierro dulce en herramientas y utensilios estaba todavía organizada mediante el *Verlagssystem*. Fabricado el hierro en barras y planchas, los comerciantes lo distribuían entre un gran número de talleres, donde

La transformación del hierro dulce en herramientas u otros objetos al principio de la Revolución Industrial, era muy similar al primitivo sistema textil: los comerciantes distribuían las barras y planchas de hierro entre gran número de pequeños talleres; allí, los artesanos fabricaban cuchillos, clavos, aperos de labranza, etc.

La sidero-metalurgia

los artesanos lo transformaban en cuchillos, clavos o aperos de labranza. En esos talleres, el hierro se trabajaba manualmente, a golpes de martillo o con pequeñas máquinas movidas por la fuerza de los herreros. Los comerciantes recogían luego los productos acabados, pagando a los artesanos un tanto por pieza.

El antiguo sistema de fabricación de hierro no hubiera bastado para producirlo en cantidades tan grandes como las que exigió el aumento de su demanda. Un primer inconveniente procedía de la utilización de carbón de madera. Era imposible incrementar la producción de los altos hornos de modo ininterrumpido, ya que ello significaba destruir el bosque y reducir, por tanto, el carbón disponible. «El estrago causado por las forjas en los bosques es inimaginable. Irlanda estaba hace 60 años bien provista de robles, pero las forjas que se han ido instalando desde entonces han aclarado en poco tiempo sus montes, hasta el punto de que los industriales no tienen ya suficientes árboles para producir carbón.» Este testimonio de un irlandés de mediados del XVIII ilustra cómo la escasez de carbón de madera estrangulaba la producción de hierro. Un segundo inconveniente procedía de la utilización de energía hidráulica. Los fuelles de los hornos, los martillos y las laminadoras se movían con poca velocidad y, además, dejaban de funcionar durante el período de estiaje de los ríos. El último inconveniente lo originaba la escasa productividad del trabajo manual realizado en los talleres artesanales donde se obtenían las herramientas y utensilios de hierro.

Los tres inconvenientes fueron superados gracias a innovaciones tecnológicas y a nuevas formas de organización del trabajo. El problema de la escasez de carbón de madera lo resolvió el empleo de carbón de coque en los altos hornos. El problema de los bajos rendimientos de la energía hidráulica fue solucionando con máquinas de vapor. Los talleres artesanales fueron desapareciendo poco a poco, sustituidos por fábricas capaces de producir a gran escala.

En 1709, Abraham Darby descubrió que el carbón mineral podía emplearse en los altos hornos a condición de convertirlo previamente en coque. Algunas

La producción de hierro en las primeras etapas de la industrialización se realizaba introduciendo en el horno capas alternativas de coque y mineral de hierro para lograr que éste se fundiese. El uso del coque para la fundición fue desarrollado por Abraham Darby, en 1709.

dificultades técnicas retrasaron el triunfo del coque sobre el carbón de madera, pero a fines del siglo XVIII Gran Bretaña tenía 81 altos hornos al coque y sólo 25 al carbón vegetal. ¿Por qué el éxito del coque? Las reservas de hulla eran tan abundantes que desapareció el problema de la escasez de combustible. El coque posee además un mayor poder calorífico si se inyecta en el alto horno un potente chorro de aire. Esto último se logró desde 1776, cuando John Wilkinson sustituyó los fuelles hidráulicos por máquinas de vapor, consiguiendo que el alto horno recibiera una corriente de aire más potente y regular.

La mayor producción de hierro colado rompió el equilibrio de la industria siderúrgica. Una parte de ese hierro podía utilizarse para fabricar armas, cañones o vigas, pero el resto seguía siendo un hierro quebradizo y no servía para fabricar aperos de labranza o maquinaria. Era preciso descubrir un sistema de afino y laminado del hierro colado mucho más rápido que el tradicional. Fue Henry Cort quien, en 1786, inventó el sistema de «pudelado». El hierro dulce se obtenía ahora en un horno mayor, llamado de reverbero, utilizando coque como combustible. Del horno salía una masa esponjosa que era laminada entre cilindros movidos con energía de vapor. Con los antiguos hornos de carbón vegetal y con los martinetes

Las diversas etapas de la producción de hierro en la industria pesada requerían al principio una abundante mano de obra, que se redujo después al introducirse los dispositivos mecánicos necesarios.

y laminadoras hidráulicas, se producía una tonelada de hierro dulce cada doce horas. El pudelado y las laminadoras a vapor producían quince toneladas en el mismo tiempo. El hierro dulce obtenido mediante pudelado sólo dejó de utilizarse en las últimas décadas del siglo XIX, cuando los aceros Bessemer y Martin-Siemens lo sustituyeron, al ser más baratos de fabricar.

La mayor producción de hierro dulce chocó con la baja productividad de los artesanos que lo transformaban en productos acabados. Ello estimuló cambios tecnológicos y de organización del trabajo, que sustituyeron progresivamente los talleres artesanales por fábricas.

Un primer cambio consistió en reunir en grandes talleres a muchos artesanos bajo el control de un capitalista, dueño del edificio y de la maquinaria. Los obreros trabajaban con máquinas todavía accionadas manualmente, cortando, estirando y moldeando el hierro para obtener alfileres, cuchillos u otros productos acabados. La productividad de estos grandes talleres o manufacturas era superior a la del trabajo en pequeños talleres artesanales, porque cada obrero se especializaba en una fase de la operación del produc-

to. La fabricación de alfileres, por ejemplo, se dividía en trece operaciones diferentes, que iban desde cortar el alambre a hervir los alfileres en un compuesto químico. Cada obrero trabajaba sólo en una de esas trece operaciones.

El segundo cambio lo provocó el descubrimiento de nuevas máquinas movidas ahora con energía de vapor. Desde principios del siglo XIX, las perforadoras, fresadoras, trefiladoras o los tornos mecánicos sustituyeron la habilidad de los artesanos del hierro por movimientos mucho más rápidos y perfectos en su ejecución. Estas máquinas cortaban, estiraban y moldeaban el hierro a gran velocidad. Permitían, por tanto, fabricar grandes cantidades de clavos, tornillos, artículos de ferretería o aperos de labranza. También permitían la fabricación en serie de otras máquinas empleadas en la industria textil, en la de la construcción y en los transportes (telares, grúas, locomotoras).

Como sucediera en la industria del algodón, las nuevas máquinas no podían desperdigarse en centenares de talleres. Ni los artesanos las podían comprar, ni habían sido ideadas para el trabajo en pequeños talleres. Sólo los capitalistas podían adquirir las nuevas máquinas, concentrándolas en fábricas.

La sidero-metalurgia

Las máquinas-herramienta eran el siguiente paso a dar en la metalurgia de la Revolución Industrial. En el siglo XVIII, la *Enciclopedia* de Diderot describe tornos para trabajar la madera y el metal; el torneado a máquina era muy popular ya en el siglo XVII. Pero el uso de máquinas - herramienta realmente eficaces fue parejo con la Revolución Industrial. Aquí vemos un taladro hidráulico, diseñado por John Wilkinson en 1774 para fabricar piezas de las máquinas de vapor.

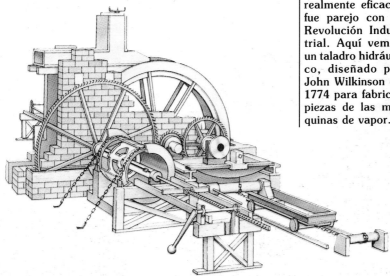

Sin embargo, el cambio no fue rápido. Durante las primeras décadas del siglo XIX, el trabajo artesanal organizado mediante el *Verlagssystem* coexistió con las fábricas. Los comerciantes seguían adelantando hierro a los artesanos y recogiendo luego el producto acabado, pagando un tanto por pieza. La productividad de los herreros aumentó porque mejoraron su utillaje, empleando nuevas y pequeñas máquinas para cortar y tornear el hierro. Surgieron incluso nuevas formas de organización del trabajo artesanal. En ciudades como Birmingham o Sheffield, por ejemplo, los comerciantes alquilaban a los herreros talleres dentro de un gran edificio, donde varias máquinas de va-

Las grandes fundiciones se fueron imponiendo a las artesanales a medida que la industria exigía nuevos productos. Por ejemplo, el ferrocarril necesitaba, entre otras cosas, raíles de calidad y de longitud uniforme. La demanda se satisfizo mediante la fabricación de enormes convertidores puentes, naves industriales, etcétera.

por proporcionaban energía a los artesanos que, de este modo, trabajaban a mayor velocidad. La sustitución del trabajo artesanal por el sistema fabril fue, pues, lenta, aunque inexorable a la larga, ya que los pequeños productores eran incapaces de producir tan barato como las fábricas. Sobrevivieron únicamente grupos de artesanos especializados en obtener artículos cuya fabricación seguía exigiendo mucha habilidad manual (dedales, botones, anillos, collares…)

Todas las innovaciones que hemos examinado revolucionaron la productividad en la industria siderúrgica. Los precios del hierro y de sus derivados bajaron a un ritmo sin precedentes. A mediados del si-

Las máquinas hacen máquinas. Las fábricas hicieron posible que la Revolución Industrial alcanzase a otros sectores, como la agricultura. Para dar a conocer sus productos, comenzaron a utilizar un nuevo instrumento: el catálogo.

75

La sidero-metalurgia

glo XVIII, una tonelada de hierro dulce inglés se vendía a 42 libras; en 1820, el precio había descendido a 20. Esta caída de los precios aumentó la demanda de productos siderúrgicos, haciendo que el hierro desbancara a los antiguos materiales. Los nuevos aperos de labranza y las nuevas máquinas textiles ya no se construyeron de madera, sino de hierro. Las nuevas tuberías ya no se fabricaron con madera o con tejas de arcilla, sino de hierro. Y lo mismo sucedió más tarde con la maquinaria de todas las industrias, con los vagones, los barcos, las vigas para fábricas y casas, los puentes o los utensilios de cocina.

Como en el caso de la industria algodonera, la mayor producción de hierro tuvo efectos de arrastre sobre otros sectores haciendo que éstos también crecieran. Para fabricar más hierro fue preciso producir más carbón y más mineral de hierro, así como transportar estas materias primas hasta los altos hornos. Fue necesario, además, fabricar un mayor número de máquinas de vapor, de altos hornos, de hornos de pudelado y de trenes de laminación. El crecimiento de la siderurgia arrastró, por tanto a la minería, a los transportes y a la construcción de máquinas. Para fabricar más hierro fue igualmente preciso aumentar el número de trabajadores en las minas y en las fábricas, de manera que aparecieron núcleos urbanos mayores con sus servicios (tiendas, tabernas, escuelas, oficinas, hospitales...). Por último, la mayor producción siderúrgica impulsó la aparición de nuevas fábricas metalúrgicas, canales, ferrocarriles, puertos y astilleros.

Producción de hierro dulce en Gran Bretaña (toneladas)

1740	17.350
1788	68.300
1796	125.079
1806	258.206
1825	581.367
1830	678.417
1835	940.000
1839	1.248.781
1848	1.998.568
1852	2.701.000

Al igual que en el caso de la industria textil, el incremento en la producción siderúrgica (ver el cuadro sobre estas líneas) trajo como consecuencia el crecimiento de otros sectores industriales, lo que supuso un aumento considerable en el número de trabajadores que, a su vez, demandaban más productos industriales, así como más servicios.

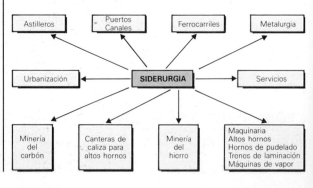

El crecimiento de otras industrias

El crecimiento de la producción de bienes industriales no se limitó a los tejidos de algodón y al hierro. Prueba de ello es el cuadro de la página siguiente, en el que se indica el valor total creado por trece industrias inglesas en 1770 y 1831. De él se deducen dos hechos importantes:

Primero: el crecimiento de la industria británica entre 1771 y 1831 fue enorme. Trece industrias pasaron de crear un valor de 22,8 millones de libras a crear otro de 113 millones. Ello significa que la cantidad de productos fabricados por las trece industrias aumentó mucho.

Segundo: la mayor producción no lo fue sólo de tejidos y de hierro, sino de una amplia gama de bienes: todos los que aparecen en el cuadro más otros sobre los que los historiadores no han hallado todavía datos suficientes (metales no ferrosos, cerámica, muebles, aceite, licores, tabaco, productos químicos...).

¿Por qué crecieron todas las ramas de la industria? La respuesta es sencilla: porque se incrementó la demanda de todo tipo de bienes industriales y porque la oferta o producción de esos bienes aumentó al ritmo que exigía su mayor consumo.

Las otras industrias

Otras industrias, como la conservera, surgieron para satisfacer necesidades creadas por la Revolución Industrial. La conservación de alimentos en recipientes metálicos se debe a Nicolás Appert, quien descubrió que era posible evitar la descomposición de los alimentos en recipientes siempre que se extrajese todo el aire de los mismos. Logró dar forma práctica a su idea en 1810, tras 14 años de experimentos.

Las otras industrias

La demanda de todo tipo de productos industriales aumentó gracias a tres causas que actuaron simultáneamente: mayor población, mayor renta por habitante y mercados externos. La población británica se multiplicó por cuatro entre 1750 y 1900. La alemana, por tres. Las necesidades más perentorias del hombre son los alimentos, el vestido y la vivienda. El espectacular crecimiento demográfico elevó, pues, la demanda de alimentos, vestidos, casas, luz y calefacción. Es lógico, por tanto, que crecieran las industrias de alimentos (molinos, hornos, aceite, leche enlatada...), la industria textil de la lana y del lino; la de la construcción y otras que proveían de luz y calor a los hogares (velas, gas, carbón).

Pero la población no sólo creció, sino que, a la larga, elevó su renta per cápita. La elevación del nivel de vida benefició más a los capitalistas y a las clases medias que a los trabajadores asalariados. No obstante, el alza de los salarios durante el siglo XIX permitió a los jornaleros del campo y a los obreros industriales abastecer mejor sus necesidades más perentorias y, además, consumir otros productos industriales.

Otras industrias aumentaron sus producciones porque fabricaban artículos demandados por capitalistas

Operando con las industrias que aparecen en el cuadro, se observa que algodón, hierro y carbón sumaron en 1770 sólo un 13 por 100 del valor total de la producción industrial, lo que significa que el otro 87 por 100 industrial procedía de las restantes industrias. En 1831, estas tres industrias alcanzaron el 36 por 100, y las restantes sumaron el 64 por 100.

RAMAS DE LA INDUSTRIA	1770		1831	
	MILLONES DE LIBRAS	% SOBRE EL TOTAL	MILLONES DE LIBRAS	% SOBRE EL TOTAL
Algodón	0,6	2,6	25,3	22,3
Hierro	1,5	6,5	7,6	6,7
Carbón	0,9	3,9	7,9	6,9
Lana	7	30,7	15,9	14
Lino	1,9	8,3	5	4,4
Seda	1	4,3	5,8	5,1
Construc.	2,4	10,5	26,5	23,4
Cobre	0,2	0,8	0,8	0,7
Cerveza	1,3	5,7	5,2	4,6
Piel	5,1	22,3	9,8	8,6
Jabón	0,3	1,3	1,2	1
Velas	0,5	2,1	1,2	1
Papel	0,1	0,4	0,8	0,7
Total	22,8	100,0	113,0	100,0

Valor de la producción industrial inglesa (en millones de libras)

y clases medias. Se trata de industrias que nutrían un consumo suntuario. Las altas rentas de las clases sociales más ricas crearon una importante demanda de carnes, chocolate, pasteles, tejidos caros, viviendas y muebles de lujo, joyas, libros o juguetes. Hubo, por último, industrias que crecieron porque también abastecían demandas de mercados externos. Gran Bre-

Las otras industrias

La construcción experimentó un notable auge con motivo de la expansión industrial. Las viviendas obreras eran pequeñas y estaban hacinadas, pero las técnicas constructivas mejoraron notablemente.

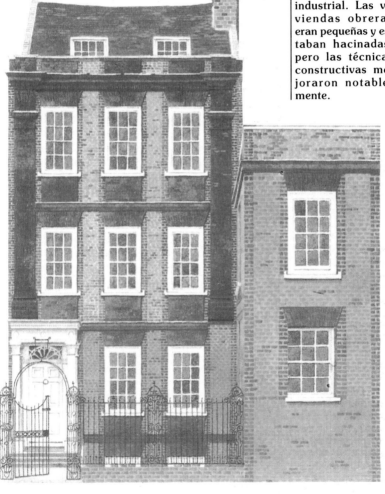

Las otras industrias

Este cuadro refleja el porcentaje de sus ingresos que cada familia trabajadora dedicaba a alimentos, vestido, vivienda y otros gastos en Bélgica e Inglaterra a finales del siglo XIX. El dinero dedicado a «otros gastos» era escaso, lo que significa que el poder de consumo de los trabajadores era reducido. Pero millones de trabajadores demandando poca cerveza o pocos muebles crearon una gran demanda total, lo que hizo crecer a las industrias de bienes de consumo populares.

taña no sólo exportó tejidos de algodón, hierro y máquinas, sino todo tipo de textiles, carbón o papel. Durante el siglo XIX, Alemania se convirtió en la máxima exportadora mundial de productos químicos, tales como fertilizantes para la agricultura y tintes para la industria textil.

Como en el caso del algodón y del hierro, las demás industrias terminaron por concentrarse en fábricas. Pero la sustitución del trabajo artesanal por el fabril fue muy lenta en algunos sectores. Hasta después de 1850, por ejemplo, gran parte de la producción de lana, lino y cuero siguió organizada mediante el *Verlgssystem*. Industrias como la de confección de ropas, carpintería o calzado continuaron produciendo de forma artesanal durante todo el siglo XIX. En cambio, la industria química, la de la seda y la del azúcar se concentraron pronto en fábricas.

Los historiadores han prestado mucha atención a las industrias que adoptaron pronto el sistema fabril. Las industrias que continuaron produciendo de modo artesanal no han sido, en cambio, bien estudiadas. Ello hace que sepamos poco sobre cómo aumentó la producción de bienes todavía elaborados en talleres. Lo más razonable es suponer que su producción creció por dos causas: en primer lugar, porque cada artesano elevó su productividad al especializar más su trabajo y utilizar nuevas herramientas o pequeñas máquinas movidas manualmente; en segundo lugar, porque aumentó el número de artesanos en los ramos que no adoptaron el sistema fabril. Uno y otro hecho lograron que la oferta de bienes industriales manufacturados en pequeñas unidades de producción creciera al ritmo que exigía la mayor demanda.

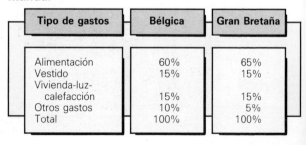

Tipo de gastos	Bélgica	Gran Bretaña
Alimentación	60%	65%
Vestido	15%	15%
Vivienda-luz-calefacción	15%	15%
Otros gastos	10%	5%
Total	100%	100%

Comercio voluminoso:
los ferrocarriles y la navegación a vapor

La Revolución Industrial creó grandes excedentes para vender. Los mayores rendimientos de la tierra hicieron que las regiones agrícolas produjeran mucho más de lo que podían consumir. Lo mismo sucedió en las regiones industriales, como consecuencia de su mayor productividad. Este aumento de los excedentes elevó la cantidad de mercancías intercambiadas entre regiones de un mismo país o entre distintos países. Un comercio cada vez más voluminoso exigió renovar los medios de transporte. Era preciso lograr un tráfico abultado, rápido y barato. De lo contrario, el crecimiento económico se hubiera estrangulado, al no poder colocarse los excedentes en mercados lejanos.

Ya examinamos cuáles fueron las primeras respuestas ante la necesidad de hallar nuevos sistemas de transporte. La construcción de mejores caminos y de canales, el aumento de las flotas a vela y los *clippers* permitieron un comercio mayor y más barato durante la primera mitad del siglo XIX. Pero el progre-

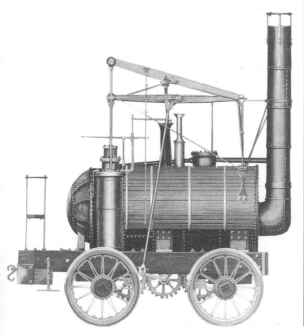

El ferrocarril fue otro de los «milagros» de la Revolución Industrial. Había que llevar las materias primas hasta las fábricas, y había que vender los artículos que éstas producían en un mercado disperso; ello hacía necesario contar con nuevos y mejores medios de transporte, que hiciesen uso de las nuevas fuentes de energía y de las nuevas máquinas. Así surgieron los buques de vapor y el ferrocarril, a los que seguirían más adelante el automóvil y el avión. Esta es la *Puffin Billie.*

Mejoras del transporte

La construcción de nuevos ferrocarriles revolucionó la forma de viajar y transportar mercancías en todo el mundo. En Estados Unidos, las costas este y oeste quedaron enlazadas por tren en 1869. En la imagen, una estación americana el año 1871.

so tecnológico no se detuvo aquí: dio un gran salto adelante después de 1850, cuando se generalizó el empleo de la energía de vapor tanto en el transporte terrestre como en el marítimo.

Los primeros intentos de aplicar la energía de vapor a la tracción datan de principios del siglo XIX. El inglés Richard Trevithick ingenió, en 1804, la primera locomotora. La máquina sirvió para arrastrar, sobre raíles de hierro, vagones que antes eran tirados por caballos, y se utilizó para el transporte de hierro en la fábrica Penydaren, en Gales. Continuando las experiencias de Trevithick, otro inglés, el ingeniero de minas George Stephenson, construyó entre 1814 y 1829 varios modelos de locomotoras. La más perfeccionada recibió el nombre de *Rocket* y logró alcanzar una velocidad media de 24 kilómetros por hora. El éxito de estas máquinas hizo que se crearan las primeras líneas de ferrocarril para mercancías y pasajeros. En 1825, las locomotoras fueron utilizadas en los 13 kilómetros de la línea Darlington-Steckson, y cinco años más tarde se inauguró la línea Manchester-Liverpool. Luego sobrevino el «boom» de los ferrocarriles. La construcción de ferrocarriles necesitó de grandes inversiones de capital aportadas tanto por em-

presas como por el Estado. Los ferrocarriles ingleses fueron financiados por compañías privadas. En los demás países europeos y en los Estados Unidos, el Estado fomentó la creación de la infraestructura ferroviaria, proporcionando a las empresas terrenos gratuitos y ayudas financieras.

El empleo de la energía de vapor en el transporte marítimo tardó más tiempo en generalizarse. Durante la primera mitad del siglo XIX, aparecieron barcos con ruedas de palas movidas a vapor, pero resultaron eficaces en los ríos y no en el mar. La propulsión de buques mediante hélices y la construcción de barcos de hierro dulce datan también de las primeras décadas del XIX. Sin embargo, los nuevos buques de hierro y a vapor, que se adaptaban bien a la navegación marítima, no lograron transportar más de la mitad del tonelaje mundial hasta después de 1880. Esta lenta sustitución de la navegación a vela se debió a que los barcos de vapor tardaron décadas en resultar competitivos. Tenían que sacrificar mucho espacio para almacenar carbón y ello disminuía su capacidad de carga. Además, el viento es gratuito y el carbón no, de manera que, a menudo, resultaba más barato transportar mercancías en veleros.

El Canal de Suez, que unió el Mar Rojo con el Mediterráneo, fue inaugurado en 1869 por la Emperatriz Eugenia, que lo recorrió a bordo del yate real francés *L'Aigle,* seguido por una comitiva de sesenta y nueve barcos más.

Todos estos obstáculos fueron superados paulatinamente a lo largo de la segunda mitad del siglo XIX. Los buques a vapor alcanzaron una capacidad de carga muy superior a los de vela (de 2.000 a 3.000 toneladas más por término medio). Viajaban con mayor velocidad, lo que les permitía hacer más viajes que los veleros y llevar así más carga en el mismo tiempo. Además, el establecimiento de una red mundial de estaciones o puertos carboneros, donde los buques podían repostar, abarató el precio del combustible e hizo disminuir el espacio necesario para almacenar carbón.

La renovación de los medios de transporte tuvo, pues, importantes consecuencias económicas que podemos sistematizar de este modo:

1.ª) Logró que el aumento de los excedentes agrarios e industriales pudiera colocarse con facilidad en los mercados de un mismo país o en los mercados internacionales.

2.ª) Los precios del transporte terrestre y marítimo cayeron durante el siglo XIX porque aumentó mucho el rendimiento de los sistemas de acarreo.

3.ª) La posibilidad de colocar los excedentes en mercados lejanos a precios bajos originó una especialización de regiones enteras y, por consiguiente, un incremento de la producción total.

Las ventajas del comercio en la creación de riqueza fueron descubiertas por los economistas clásicos, quienes se opusieron a cualquier tipo de traba aduanera entre mercados de un mismo país o entre distintos países. Las naciones que se industrializaron durante el siglo XIX carecieron de aduanas interiores, lo que fomentó su especialización económica regional. En cambio, no siempre se adoptó la misma postura en el comercio exterior. Gran Bretaña estableció desde 1846 una política de libre cambio o supresión de derechos aduaneros para la importación de productos extranjeros. El ejemplo inglés fue seguido por Fran-

Mejoras del transporte

La idea de unir los mares Rojo y Mediterráneo era antigua; se conservan planos de un canal hechos en 1504. Cuando Napoleón Bonaparte ocupó Egipto, resucitó el proyecto, pero surgieron dificultades y se archivó. En 1854 se le encargó al ingeniero francés Ferdinand Lesseps la realización del canal; tras cinco años de estudios y reunión del capital necesario, se inició la obra en 1859. El canal evitaba (y evita en la actualidad) tener que rodear toda Africa para llegar del Mediterráneo al Indico (ver mapa págs. 30-31), con el consiguiente ahorro de tiempo y combustible.

El libre cambio

cia y Alemania durante algunas décadas, pero después ambos países recurrieron al proteccionismo, una política que establece altos aranceles para la importación de mercancías extranjeras. Con esta política, las dos naciones defendían sus mercados internos de la competencia de otros países.

Los historiadores discuten todavía sobre las ventajas e inconvenientes del libre cambio y del proteccionismo durante el siglo XIX. Hay quien sostiene que la adopción general del librecambio hubiera promovido un mayor crecimiento económico. Hay quien justifica el proteccionismo alegando que sirvió para desarrollar industrias nacionales que, de otro modo, hubieran desaparecido por la competencia de productos extranjeros más baratos. Lo cierto es que los países que recurrieron al proteccionismo no dejaron de crecer pese a ello. La experiencia histórica demuestra, pues, que el proteccionismo no resultó incompatible con el crecimiento económico.

La navegación a vapor desempeñó a partir de finales del siglo XIX un papel importantísimo en el comercio mundial. Esta una imagen del puerto de Clyde (Escocia) en el año 1878.

Bancos y sociedades anónimas

La Revolución Industrial necesitó de grandes inversiones de capital. Transformar la agricultura significaba adquirir más medios de producción (animales, aperos de labranza, maquinaria y fertilizantes). El crecimiento de la industria nunca se hubiera producido sin incrementar y mejorar su capital fijo (fábricas, talleres o maquinaria). Los nuevos medios de transporte exigieron emplear enormes cantidades de dinero en la construcción de costosos canales, puertos y ferrocarriles.

Durante las primeras etapas de la industrialización, muchas empresas pudieron autofinanciarse sin necesidad de recurrir al crédito. Se trataba de empresas todavía pequeñas que empezaban a producir con un capital modesto. La instalación de una fábrica de hilados en la Inglaterra de fines del XVIII, por ejemplo, costaba sólo entre tres y cinco mil libras, ya que el edificio no era aún grande y las máquinas eran sencillas y baratas. El negocio se podía luego mantener y ampliar reinvirtiendo parte de sus beneficios. Esta

La banca y la industria

El Royal Exchange, punto de reunión de los financieros de la City londinense hasta mediados del siglo XIX.

La banca y la industria

La riqueza de Europa se incrementó enormemente gracias a la mecanización de la industria. Aunque los bancos no eran un fenómeno nuevo, sí lo era el dominio que comenzaron a adquirir sobre la economía mundial. La burguesía gozaba de un nivel de vida muy superior al de épocas anteriores, con una creciente capacidad de consumo.

posibilidad de autofinanciación desapareció conforme aumentó el dinero necesario para crear las empresas o ampliar sus instalaciones.

A principios del siglo XIX, poner en funcionamiento una hilandería costaba ya unas 20.000 libras, porque el edificio era mayor y la maquinaria más sofisticada y cara. Otras industrias requerían de inversiones mucho más cuantiosas. Instalar una fábrica siderúrgica hacia 1820 costaba unas 100.000 libras, y esta cifra quedó pequeña al lado de las inversiones que precisó el ferrocarril. En el trienio 1838-1840, las empresas ferroviarias británicas invirtieron cerca de 10 millones de libras esterlinas, que era una cifra astronómica.

Los bancos existían antes de la Revolución Industrial. Nacieron en la Edad Media cumpliendo dos funciones: custodia de dinero y préstamos con interés. El negocio bancario consistía en algo tan elemental como esto: los bancos guardaban el dinero de una multitud de personas, logrando así concentrar importantes fondos monetarios. Como esas personas no retiraban su dinero de una sola vez, los bancos poseían depósitos que prestaban a cambio de un interés. Ello

La banca y la industria

posibilitó que el ahorro privado no permaneciera ocioso, sino que, a través de la banca, sirviera para financiar actividades económicas.

Antes del siglo XIX, los bancos se ocupaban sobre todo de prestar dinero para el comercio, o bien de prestar dinero al Estado. El cambio decisivo experimentado por la banca durante el siglo XIX fue que pasó a financiar la industria mediante préstamos a largo plazo. Surgieron bancos especializados en adelantar grandes cantidades a las empresas. El capital prestado era tan elevado que los bancos aceptaban su devolución en un tiempo largo.

Otras veces, la propia banca compraba acciones de las empresas, convirtiéndose así en copropietaria de ellas. Los *Merchant Bankers* en Inglaterra, el *Crédit Mobilier* en Francia o los *Private Banks* en los Estados Unidos forman parte de esta nueva banca comprometida directamente en la financiación de la industria.

Las sociedades anónimas tampoco nacieron en el siglo XIX, pero se generalizaron durante la Revolución Industrial. Su origen radica en la necesidad de reunir grandes capitales. Imaginemos que la construcción de una fábrica siderúrgica requería una inversión de 300.000 libras. Esta era una suma tan alta que difícilmente la podían reunir pocas personas por muy ricas que fueran. Se recurría por tanto a captar el pequeño ahorro. El capital de la sociedad —las 300.000 libras— se dividía en acciones. Por ejemplo, 3.000 acciones de 100 libras cada una. Los socios fundadores de la empresa adquirían parte de esas acciones, pongamos que 1.000, con lo que desembolsaban 100.000 libras. Las otras 2.000 acciones se sacaban a la venta, para que fueran compradas por los pequeños ahorradores, ya que muchas personas sí que tenían 100 libras disponibles para invertir, convirtiéndose en accionistas de la sociedad. Se lograba de este modo reunir todo el capital necesario para fundar la empresa siderúrgica. Los beneficios de la sociedad eran luego repartidos en forma de dividendos entre los accionistas. Si la empresa repartía un año 30.000 libras de beneficios, cada acción recibía un dividendo de 10 libras (30.000 libras/3.000 acciones).

Las monedas de oro (como esta de Napoleón de 1804), que habían sido símbolo de estabilidad económica, se vieron sustituidas gradualmente por el papel moneda, los «billetes de banco», como los que aparecen en la página 88.

El Estado como inversor de capital

El Estado, además de favorecer el crecimiento económico mediante la promulgación de leyes favorables al desarrollo capitalista e industrial, fue en algunos países promotor de las inversiones de capital.

El Estado alemán, por ejemplo, construyó a sus expensas buena parte de la red ferroviaria, pero fue el Estado japonés quien más directamente intervino en la financiación de la indstria, supliendo de este modo la falta de iniciativas privadas. Los gobiernos de la dinastía japonesa Meijí, empeñados en un proceso de modernización del país, construyeron fábricas textiles, siderúrgicas y astilleros que, después de 1882, vendieron a bajo precio a empresas privadas.

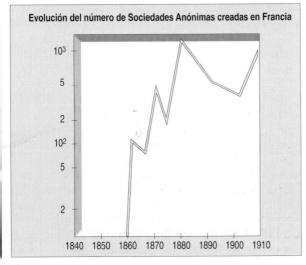

Formación de capital en Francia
(millones de francos constantes de 1913)

Años	Francos
1781-90	1.172
1815-24	1.472
1835-44	2.283
1855-64	3.681
1875-1884	4.644
1895-1904	6.579
1905-1913	7.972

Evolución del número de Sociedades Anónimas creadas en Francia

La industrialización requirió grandes inversiones de capital en la agricultura, la industria y los servicios. Esa necesidad fue en gran parte abastecida por los Bancos y las Sociedades Anónimas. La Banca dio créditos a cambio de su devolución con intereses. Las Sociedades Anónimas permitieron la creación de empresas con enormes sumas de capital al atraer a los pequeños ahorradores mediante la venta de acciones en Bolsa. En el cuadro se observa cómo las inversiones de capital en Francia se multiplicaron vertiginosamente desde finales del siglo XVIII; sin ellas, el crecimiento económico se hubiera paralizado. En el gráfico, evolución del número de Sociedades Anónimas creadas en Francia entre 1840 y 1910, un factor crucial en la inversión de capitales.

Otros servicios

El cuadro a pie de página refleja una ley económica que recibe el nombre de ley Colin Clark, ya que fue este economista quien la formuló en 1940:

«Las cifras de la población demuestran que una de las características siempre presentes en el crecimiento económico es el desplazamiento de la población activa del sector agrícola al sector industrial y de dicho sector al de los servicios.»

La ley de Colin Clark responde a los incrementos de la productividad que conlleva el desarrollo económico. Las mejoras agrícolas significan que un número cada vez menor de campesinos es suficiente para alimentar a toda la población. Es lógico, pues, que una parte cada vez mayor de la población pase a trabajar en el sector industrial, que demanda trabajadores por su producción creciente. Ahora bien, la industria también incrementa su productividad, de manera que un número cada vez menor de obreros es capaz de producir todos los bienes industriales que la sociedad consume. Ello hace que parte de la población deba buscar empleo en actividades económicas que no son agrarias ni industriales. A estas actividades las conocemos como servicios. Son tantas y tan variopintas que es difícil clasificarlas. No obstante, de entre ellas, fueron el transporte, el comercio y el servicio doméstico las que mayor número de personas emplearon.

¿Qué causas motivaron la expansión de los servicios durante la Revolución Industrial? Su demanda aumentó gracias a la revolución demográfica y a la mayor renta per cápita. Ya vimos cómo los salarios de los trabajadores les permitían consumir poco des-

En la Inglaterra preindustrial de 1688, 75 de cada 100 trabajadores eran campesinos; 14 trabajaban en la industria y 11 en los servicios. La Revolución Industrial modificó totalmente esta distribución: en 1851, sólo 21 trabajadores de cada 100 eran campesinos, mientras 43 estaban empleados en la industria y 36 en los servicios. Pero no todo eran ventajas: la industrialización no acabó con la pobreza ni facilitó servicios sanitarios o de asistencia social a los trabajadores.

Evolución de la población activa inglesa (1688-1900)				
	1688	1801	1851	1900
Agricultura	75%	36%	21%	9%
Industria	14%	30%	43%	46%
Servicios	11%	34%	36%	43%

pués de haber cubierto sus necesidades básicas. No obstante, ese «poco» logró que los asalariados pudieran demandar algunos servicios tales como educación, sanidad o recreo. Una familia obrera del siglo XIX no podía pagar una escuela privada para sus hijos ni disponer de un médico que le prestase una asistencia permanente. Tampoco podía asistir con frecuencia al teatro o a otros espectáculos. Sin embargo, sus ingre-

La ley de Clark

Fragmento de *La cola del refugio,* patética obra de Sir Luke Fildes.

Una nueva industria para unas nuevas necesidades: fábrica de hielo en el río Hudson, en el siglo XIX. El hielo se ha utilizado desde tiempos inmemoriales para conservar los alimentos, sobre todo el pescado, pero su producción industrial comenzó cuando creció la demanda.

sos permitían ya que sus hijos pudieran asistir algunos años a una escuela pública, porque los mayores salarios de los padres eran suficientes para sostener a la familia sin que los niños trabajaran desde edad temprana. También el aumento de los salarios posibilitó a las familias obreras contratar los servicios de un médico cuando éste resultaba imprescindible, o disfrutar con más frecuencia de los espectáculos de recreo. El consumo por obrero de educación, sanidad o diversiones era muy pequeño. Ahora bien, millones de obreros incrementaron mucho la demanda total de estos servicios.

La burguesía y las clases medias sí que demandaban muchos servicios y muy caros. Sus altas rentas les permitían tener criados, chóferes o jardineros, educar a sus hijos en colegios religiosos, enviarlos luego a la Universidad o bien disfrutar de servicios entonces lujosos, como restaurantes, vacaciones en hoteles y espectáculos de élite —la ópera, por ejemplo—. Gran parte de la demanda de profesiones liberales, como médicos y abogados, provino precisamente de las necesidades de estas clases sociales más ricas.

La mayor demanda de servicios incrementó su oferta. Ello fue posible por dos razones. En primer lugar, la mayor productividad del campo y de la industria crearon una mano de obra disponible para trabajar en los servicios. La segunda razón que permitió aumentar la oferta de servicios fue la existencia de capital para invertir en ellos. Las perspectivas de beneficios hicieron que se crearan empresas para producir los servicios cuya demanda crecía. Unas veces fueron grandes empresas, como en el caso del ferrocarril o de los bancos. Otras veces, empresas de tipo medio: hospitales, colegios privados, hoteles, teatros.

Proliferó asimismo la oferta de servicios a través de pequeñas empresas familiares e individuales —tabernas, barberías, lavanderías—. El Estado participó en la financiación de servicios públicos. No obstante, la atención que el Estado prestó durante el siglo XIX a la educación y a la sanidad fue pequeña. Habría que esperar algunas décadas para que se generalizaran la educación y la sanidad públicas y gratuitas, tal y como hoy las conocemos.

Nuevos servicios

La policía fue otro de los servicios que hubo de modernizarse para adaptarse a las nuevas condiciones sociales. Scotland Yard, la famosa policía londinense, se creó en 1829. Esta imagen representa el hallazgo de una de las víctimas del famoso Jack *el Destripador*.

6

El crecimiento económico sostenido

El logro más importante de la Revolución Industrial fue que originó por primera vez en la Historia un crecimiento económico sostenido.

La explicación de este hecho es sin duda el problema más debatido por la ciencia económica y por la historia económica. Economistas e historiadores aceptan que el crecimiento sostenido es el resultado de la acción conjunta de cuatro factores: 1), cantidad y calidad de la mano de obra; 2), reinversión de capital; 3), tecnología, y 4), instituciones que lo favorezcan. Trataremos por separado cada uno de ellos.

Primero: el crecimiento económico requiere una mano de obra abundante y con alto grado de forma-

La industrialización, donde se produjo, trajo consigo mejoras sustanciales en el nivel de vida de la población. Los trabajadores cualificados pasaron a constituir una nueva clase social que gozaba de algunos de los privilegios reservados hasta entonces a la burguesía, como era el de que sus hijos pudiesen disponer de juguetes. Otros, sin embargo, apenas superaban el nivel de subsistencia.

ción y especialización en el trabajo. Cuanto mayor sea el número de trabajadores y mejor su formación profesional, mayor será la renta de un país y su renta per cápita.

Los países industriales han cumplido esta primera condición del crecimiento económico. Prueba de ello es, por ejemplo, el descenso del analfabetismo que han registrado.

Segundo: el crecimiento económico necesita de una constante reinversión de capital. La producción de trigo no podría aumentar sin más semillas, más abonos, más riegos o más tractores. Tampoco la fabricación de vestidos se incrementaría sin invertir dinero en la compra de lana o algodón, en la instalación de nuevas fábricas o en la mejora de la maquinaria. Una parte de la renta nacional debe, pues, ahorrarse y reinvertirse para asegurar una mayor capacidad de producción. Los países industriales también han cumplido esta segunda condición necesaria para alcanzar el crecimiento.

Tercero: la incorporación de nuevas tecnologías contribuye de modo decisivo al crecimiento económico porque eleva la productividad del trabajo. En el siglo XVIII, un campesino con arado tirado por un buey y con abono escaso cultivaba poca tierra y obtenía poco trigo. Los tractores a vapor y los fertilizantes químicos lograron en el siglo XIX que aumentara la cantidad de trigo producida por un campesino. Hoy, los tractores a gas-oil y los mejores abonos hacen que

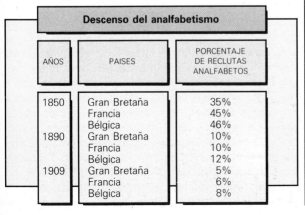

Descenso del analfabetismo		
AÑOS	PAISES	PORCENTAJE DE RECLUTAS ANALFABETOS
1850	Gran Bretaña	35%
	Francia	45%
	Bélgica	46%
1890	Gran Bretaña	10%
	Francia	10%
	Bélgica	12%
1909	Gran Bretaña	5%
	Francia	6%
	Bélgica	8%

Crecimiento sostenido

La cualificación profesional de una población (es decir, su capacidad de realizar trabajos especializados) se puede medir de diversas formas. Una de ellas es su grado de alfabetización: alguien que no sepa leer y escribir, por lo general, será incapaz de manejar una máquina complicada y, por supuesto, de redactar un informe.

La electricidad, otro de los «milagros» de la Revolución Industrial, comenzó a utilizarse para fines prácticos a mediados del siglo XIX. Su utilización para el alumbrado se hizo realidad gracias a Edison, que fabricó en 1879 la primera bombilla realmente utilizable.

98

cada agricultor produzca mucho más que durante el siglo pasado. Antes de la Revolución Industrial existían pocas máquinas en la industria textil y eran accionadas por los brazos de los trabajadores. Nuevas máquinas, movidas primero con energía hidráulica y luego con vapor, revolucionaron la productividad de los obreros textiles desde el siglo XVIII. Hoy, una maquinaria más eficaz —incluso robotizada— y movida por electricidad hace que los trabajadores textiles produzcan mucho más paño en menos tiempo de trabajo que durante la pasada centuria. Los países industriales han cumplido esta tercera condición del crecimiento económico, sustituyendo antiguas tecnologías por otras más eficaces. Los progresos de la ciencia aplicados a la producción y los de la ingeniería han resultado cruciales en este sentido.

Cuarto: por último, el crecimiento económico requiere de instituciones que lo favorezcan. Al hablar de instituciones, nos referimos al Estado o a las empresas y al comportamiento de ambos. Las monarquías absolutas del siglo XVIII, por ejemplo, obstaculizaban el crecimiento porque mantenían los privilegios del antiguo Régimen. Hubo, pues, que sustituirlas por regímenes políticos liberales para que se iniciara la industrialización. Luego, el Estado fomentó el crecimiento económico mediante inversiones de capital o promulgando leyes favorecedoras de las empresas capitalistas.

También las mentalidades y las costumbres deben de incluirse entre los factores del crecimiento. Se ha argumentado en este sentido que la religión protestante benefició la aparición de empresarios, ya que su ética no condenaba el lucro. Dejando de lado este hecho, lo cierto es que mentalidades y costumbres sociales pueden, en efecto, impedir o activar el crecimiento económico. No cabe duda de que un país dominado por grandes terratenientes que se mostraran reacios a invertir capital en la industria, crecería menos que otro con empresarios activos, capaces de emprender el desarrollo de meras iniciativas. Tampoco un país cuya tradición negara a la mujer el derecho a trabajar fuera del hogar tendría grandes posibilidades de aumentar su riqueza.

El modelo Harrod-Domar

Aunque el tema es polémico, la mayoría de los economistas han destacado como motor del crecimiento la acumulación-reinversión de capital. Operando sólo con este factor, han surgido teorías del crecimiento económico entre las que escogeremos una: el modelo de Harrod-Domar. Esta explicación recibe el nombre de modelo porque se trata de una simplificación abstracta de la realidad. Estos economistas opinan que la causa fundamental del crecimiento es la reinversión de capital, aunque existan otras. Proceden entonces prescindiendo de las otras causas para la explicación, de manera que se aisla teóricamente un sólo factor para estudiar cómo éste impulsa el crecimiento económico.

El modelo de Harrod-Domar queda reflejado en el cuadro. Su comprensión es sencilla, aunque a simple vista no lo parezca. Basta con entender sus supuestos básicos para que luego su funcionamiento resulte fácil de asimilar. Examinaremos primero los supuestos básicos. Imaginemos un país que en el primer año posee un *capital* empleado en la producción por un valor de 300 unidades monetarias (dólares, por ejemplo). Ello significa que el conjunto de sus fábricas, de su maquinaria, de sus medios de transporte o de sus materias primas en fase de transformación suman esa cantidad. Con este capital se han producido bienes y servicios por valor de 100 dólares. Esta cifra es, por tanto, su *renta nacional*. La *población* de ese país en el primer año es de 100 habitantes, con lo que su *renta per cápita* será de 1 dólar

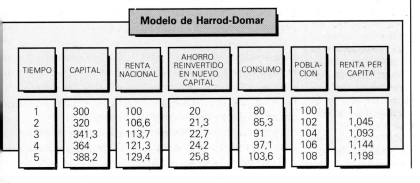

Modelo de Harrod-Domar

TIEMPO	CAPITAL	RENTA NACIONAL	AHORRO REINVERTIDO EN NUEVO CAPITAL	CONSUMO	POBLACIÓN	RENTA PER CÁPITA
1	300	100	20	80	100	1
2	320	106,6	21,3	85,3	102	1,045
3	341,3	113,7	22,7	91	104	1,093
4	364	121,3	24,2	97,1	106	1,144
5	388,2	129,4	25,8	103,6	108	1,198

La mayor renta per cápita permitió la aparición de todo tipo de artículos de consumo. Este es un anuncio del fonógrafo de Edison, invento que patentó en 1877 y que le proporcionó de inmediato fama y dinero. Hacia la misma época se fabricaron las primeras planchas y sartenes eléctricas, aspiradoras, máquinas de coser... Comenzaba la era de los electrodomésticos.

Crecimiento sostenido

(renta nacional/población = 100/100 = 1). Partiendo de esta situación imaginaria, los supuestos del modelo son éstos:

1.er supuesto: tres unidades de capital siempre producirán una unidad de renta. Utilizando un sencillo ejemplo, el modelo supone que 3 dólares invertidos en tractores —capital— siempre producirán 1 dólar de trigo —renta—. Por consiguiente, aumentando la inversión en capital, la producción crecerá según la relación 3-1.

2.º supuesto: el país en cuestión siempre ahorrará el 20 por 100 de su renta nacional y consumirá el 80 por 100 de la misma. Ello se plasma en el cuadro. En el primer año el *ahorro* es de 20 dólares y el *consumo* de 80 dólares —20 y 80 por 100 de 100 dólares de renta nacional.

3.er supuesto: todo el ahorro será siempre reinvertido en aumentar el capital. Si se observa el cuadro, se verá que en el segundo año, por ejemplo, los 20 dólares ahorrados han pasado a engrosar el capital, que ahora es de 320 dólares. Ello no significa otra cosa que se han construido más fábricas, más máquinas o que se ha cultivado más tierra.

4.º supuesto: el crecimiento de la población siempre será del 2 por 100 anual. Por consiguiente, la población pasará de 100 habitantes en el primer año a 102 en el segundo o a 104 en el tercero.

Operando con estos supuestos, el modelo funciona así: en el segundo año ha aumentado el capital desde 300 a 320 dólares, ya que el ahorro del primer año ha sido reinvertido en la creación de nuevo capital. Como la relación capital-renta es siempre de 3-1, bastará con efectuar una regla de tres para observar cómo crece la renta nacional. Si 3 dólares de capital producen 1 dólar de renta, 320 dólares de capital producirán una renta de 106,66 dólares. La renta nacional ha crecido y también lo ha hecho la renta per cápita, que ahora asciende a 1,045 (106,6/102). Esto último nos indica que el país ha experimentado crecimiento económico en el segundo año.

¿Qué sucederá después? En el cuadro se observa que la renta per cápita continuará creciendo a condición de que siempre se ahorre el 20 por 100 de la renta nacional y ese ahorro se reinvierta en una mayor cantidad de capital que, a su vez, produzca una mayor renta. El crecimiento económico se habrá convertido entonces en sostenido.

Como toda simplificación de la realidad, el modelo de Harrod-Domar presenta insuficiencias. No explica, por ejemplo, cómo se originan dos condiciones necesarias para el crecimiento: los cambios institucionales y los cambios tecnológicos. No obstante, el modelo tiene dos virtudes. La primera es que centra la explicación del crecimiento en algo difícil de negar: o se ahorra una parte de lo producido para crear más capital o no hay crecimiento sostenido de la producción. La segunda virtud del modelo es que combina los dos requisitos básicos del crecimiento: que la demanda crezca permanentemente y que la oferta también lo haga. La demanda total de bienes y de servicios aumenta porque la población crece y porque se eleva la renta de cada habitante, de manera que más ciudadanos con mayor renta incrementan el consumo total (véase la evolución del consumo en el cuadro). La oferta total de bienes y de servicios aumenta gracias a la constante reinversión de capital. Ello permite que crezcan la productividad de cada hombre y la producción total (véase la evolución de la renta, página 99).

Crecimiento sostenido

Otro sistema para iluminar grandes superficies fruto de la Revolución Industrial se basaba en el uso de gas obtenido a partir de carbón. La luz de gas se utilizó en muchas ciudades desde mediados del siglo XIX hasta bien entrado el XX.

7

Los niveles de vida durante la Revolución Industrial

Ningún historiador niega que la Revolución Industrial elevara a la larga los niveles de vida de los trabajadores. La población obrera y campesina de los países que se industrializaron consumía más a fines del siglo XIX que en el siglo XVIII. Tenía una mayor esperanza de vida y también había logrado una mejor educación y sanidad. Sin embargo, un tema muy debatido por los historiadores es si esa elevación del bienestar se dio o no durante las primeras décadas de la Revolución Industrial. Dos tendencias han surgido en relación con este tema: la «pesimista» y la «optimista». Los historiadores pesimistas sostienen que los trabajadores disminuyeron su nivel de vida durante los primeros tiempos de la Revolución Industrial. Afirman que los salarios bajaron. Que las condiciones de trabajo en las fábricas eran más penosas que en los talleres artesanales o en el campo. Que en las fábricas trabajaban 14 ó 15 horas diarias mujeres y niños de corta edad. Que las ciudades eran insalubres y la población de los barrios obreros vivía hacinada en sus hogares. La escuela pesimista sostiene, pues, que el aumento de la renta nacional durante las primeras dé-

Los niños fueron utilizados como mano de obra barata durante toda la Revolución Industrial. En Inglaterra se promulgó en 1833 una ley por la que se limitaba a ocho horas diarias el trabajo de los niños entre 9 y 13 años.

cadas de la industrialización benefició exclusivamente a los capitalistas y a las clases medias. La mayor riqueza se habría concentrado de este modo en manos de una minoría de la población.

La tendencia optimista mantiene puntos de vista contrarios. Admitiendo que el nivel de vida de los trabajadores era muy bajo, algunos historiadores piensan que los salarios subieron. Que las condiciones de trabajo en las fábricas eran similares a las que antes existían en los talleres y hogares campesinos, donde también hombres, mujeres y niños trabajaban muchas horas. Que la mortalidad disminuyó en las ciudades pese a su insalubridad, lo que demostraría que la vida en el campo antes de la Revolución Industrial no era precisamente bucólica. La escuela optimista sostiene, pues, que el aumento de la renta nacional

REPUBLIQUE FRANÇAISE. VIVRE LIBRE, OU MOURIR! LE 4 SEPTEMBRE 1870

Los conflictos sociales

La industrialización provocó en muchas ocasiones las protestas de los obreros, que reivindicaban mejoras salariales o de las condiciones de trabajo (extremadamente duras, con jornadas de 10 y 12 horas diarias, sin fiestas y sin vacaciones). En 1871, las terribles condiciones de vida, fruto de la guerra francoprusiana y del crudo invierno, provocaron en París una revuelta popular, primera tentativa de un gobierno obrero. La Comuna gobernó París durante 62 días, tras los cuales la cruel represión contra sus miembros acabó con la vida de 20.000 personas, en los combates o fusiladas.

La tuberculosis, la difteria y diversas enfermedades provocadas por la desnutrición asolaban a las clases populares. Los obreros, sin medios para curar a sus hijos, sólo podían suministrarles jarabes a base de opio para mantenerles tranquilos. Los niños vagaban por las calles, fácil presa de todos los peligros.

durante las primeras décadas de la industrialización benefició a capitalistas y clases medias más que a trabajadores, pero que éstos también elevaron algo su nivel de vida.

El debate entre pesimistas y optimistas no ha concluido, porque es muy difícil medir el nivel de vida durante los inicios de la Revolución Industrial. La primera dificultad procede de la escasa información todavía disponible sobre la evolución de los salarios reales, esto es, de los salarios que, expresados en moneda constante, nos indican el verdadero poder adquisitivo de los trabajadores. Otras dificultades provienen de la escasa información existente sobre los precios o sobre los niveles de desempleo. Tampoco se sabe lo suficiente sobre las condiciones de trabajo en talleres artesanales y en hogares campesinos anteriores a la Revolución Industrial. No se puede, por tanto, emitir un juicio definitivo sobre si esas condiciones fueron peores o similares en las fábricas.

Aumentara o disminuyera el nivel de vida, lo cierto es que los trabajadores que vivieron la primera fase de la Revolución Industrial participaron muy escasamente del aumento de la riqueza. Sobre ellos recayó la peor parte de la industrialización: salarios de

subsistencia, condiciones de trabajo a menudo inhumanas, mayor mortalidad que otras clases sociales y ruptura de sus modos de vida tradicionales. Nada de esto puede negarse. Pero también es cierto que las clases trabajadoras de los países que se industrializaron lograron a la larga un nivel de vida muy superior al de las sociedades preindustriales. Este acceso a un mayor bienestar no fue sólo resultado del aumento de la productividad y de la riqueza, sino de una mejor distribución de la renta gracias a las conquistas sociales de los trabajadores.

Los conflictos sociales

El camino hacia el reconocimiento por parte de los países industrializados de la necesidad de mejorar las condiciones de vida de la población fue largo y penoso. Trabajando hasta 12 horas al día (también mujeres y niños), sabiendo que caer enfermo suponía dejar de percibir el salario, sin poder pagar médicos ni medicinas, viviendo en habitaciones insalubres, el trabajador pagó un alto precio por la industrialización. La jornada de ocho horas no comenzó a imponerse hasta entrado el siglo XX.

Datos para una historia

Fuerza hidráulica para la industria (Polhem, Suecia, 1700).

Máquina de vapor atmosférica (Newcomen, Inglaterra, 1712).

Termómetro de mercurio con escala (Fahrenheit, Alemania, 1714).

Hiladora (Paul y Wyatt, Inglaterra, 1733). Lanzadera volante para tejer (Kay, Inglaterra, 1733).

Fabricación de ácido sulfúrico (Ward, Inglaterra, 1736).

Acero fabricado en crisol (Hunstman, Inglaterra, 1740).

Termómetro centígrado (Celsius, Suecia, 1743).

Pararrayos (Franklin, Norteamérica, 1752).

Raíles. Ruedas de hierro para los vagones de hulla (Inglaterra, 1755).

Cemento (Smeaton, Inglaterra, 1756).

Fuelles de cilindro para la metalurgia (Smeaton, Inglaterra, 1761).

Telar de husos múltiples (Hargreaves, Inglaterra, 1767).

Oxígeno (Priestley, Inglaterra, 1774). Taladro hidráulico (Wilkinson, Inglaterra, 1774).

Máquina de vapor, perfeccionada (Watt, Inglaterra, 1775).

Primer puente de hierro (Darby-Wilkinson, Inglaterra, 1777-1779).

Mule-jenny, máquina de hilar algodón (Crompton, Inglaterra, 1779).

Globo aerostático (Montgolfier, Francia, 1783).

Telar mecánico *Power loom* (Cartwright, Inglaterra, 1786).

Pudelado: método de obtención de hierro y acero (Cort, Inglaterra, 1786).

Sosa a partir de sal marina (Le Blanc, Francia, 1790).

Gas para el alumbrado (Murdock, Inglaterra, 1792).

Desmontadora de algodón (Withey, EE.UU., 1793). Primer telégrafo (Chappe, Francia, 1793).

Prensa hidráulica. Cerradura de seguridad (Bramah, Inglaterra, 1797).

Torneado mecánico. Máquina de tallar tornillos (Maudsley, Inglaterra, 1797).

Pila eléctrica (Volta, Italia, 1800).

Telar automático (Jacquard, Francia, 1801).

Cepillo de carpintero (Bramah, Inglaterra, 1802).

Primer buque a vapor (Fulton, Inglaterra, 1803).

Fábrica de Gas (Londres, 1812).

Locomotora a vapor (Stephenson, Inglaterra, 1813). Lámpara de minero (Davy, Inglaterra, 1813).

Buque de hierro a vapor (Manby, Inglaterra, 1821).

Primer ferrocarril de pasajeros (EE.UU., 1825).

Turbina hidráulica (Fourneyron, Francia, 1827) y Caldera de vapor de alta presión (Perkins, Inglaterra, 1827).

Rocket, locomotora a vapor (Stephenson, Inglaterra, 1829).

Ciencia y técnica (1830-1900)

Dinamo y transformador (Faraday, Inglaterra, 1831). Segadora (Mc Cormick, EE.UU., 1831).

Cerillas (Kammerer, Alemania, 1832).

Fotografía (proceso negativo/positivo) (Talbot, Inglaterra, 1834).

Revólver (Colt, EE.UU., 1836). Hélice para buques (Smith y Ericson, Inglaterra, 1836).

Martillo a vapor (Nasmyth, Inglaterra, 1839). Acero al manganeso (Mushet, Inglaterra, 1839).

Vulcanización del caucho (Goodyear, EE.UU., 1839).

Lanzadera para telar (Hower, Inglaterra, 1846).

Fabricación mecanizada de relojes (1853). Jeringuilla hipodérmica (Pravaz, Francia, 1853).

Calculadora mecánica (Babbage, Inglaterra, y Scheutz, Suecia, 1855).

Mechero de gas (Bunsen, Alemania, 1855).

Máquina de coser doméstica (Singer, EE.UU., 1858).

Acero: convertidores (Bassemer, Inglaterra, 1856) y otros métodos (Martin-Siemens, Francia/Alemania, 1865, y Thomas, Inglaterra, 1878).

Rifle de repetición (Winchester, EE.UU., 1860).

Acumulador (Plante, Francia, 1860), y Dinamo (Pacinot/Siemens, Alemania, 1860-1866).

Método económico de producción de sosa (Solvay, Bélgica, 1861).

Motor de explosión (Lenoir, Francia, 1860, y Otto, Alemania, 1863).

Teoría electromagnética de la luz (Maxwell, Inglaterra, 1864).

Dinamita (Nobel, Suecia, 1866).

Hormigón armado (1867). Máquina de escribir (Sholes, EE.UU., 1867).

Celuloide (Hyatt, EE.UU., 1870).

Frenos a presión de aire (Westinhouse, EE.UU., 1872).

Pantalones vaqueros (Davis y Levi-Strauss, EE.UU., 1874).

Teléfono (Graham-Bell, Inglaterra, 1876; automático en 1887).

Fonógrafo (Edison, EE.UU., 1877).

Ferrocarril eléctrico (Alemania, 1879, 1881).

Cosechadora (Mc Cormick, EE.UU., 1880). Ascensor eléctrico (Siemens, Alemania, 1880).

Lámpara con filamento de carbono (Edison, EE.UU., 1882). Fábrica de electricidad (N. York, 1882).

Rodamiento a bolas (Alemania, 1883). Turbina de vapor (De Laval, Suecia, 1883).

Transformador eléctrico (1883-1891).

Linotipia (Margenthaler, EE.UU., 1884).

Automóvil (Benz, Alemania, 1885). Telegrafía sin hilos (Marconi, Italia, 1885).

Coca-Cola. Pemberton, EE.UU., 1886).

Neumáticos de goma (Dunlop, Inglaterra, 1888).

Motor Diesel (Diesel, Alemania, 1892). Cremallera (Judson, EE.UU., 1892).

Acero de alta velocidad (Taylor y White, EE.UU., 1898).

Glosario

Bienes
Se denominan bienes económicos a los objetos materiales de oferta limitada que satisfacen necesidades humanas. Son bienes, por ejemplo, el pan, los vestidos, las casas, las máquinas, las fábricas o las carreteras. El aire no es un bien económico porque su oferta es ilimitada. El pan, los vestidos y las casas son *bienes de consumo*, ya que satisfacen directamente necesidades humanas. Las fábricas, las máquinas y las carreteras son *bienes de producción o de capital*. No satisfacen directamente necesidades humanas, pero resultan imprescindibles para producir los bienes de consumo. Para averiguar la Renta Nacional, deben sumarse los valores monetarios de los *bienes finales* y no de los *bienes intermedios*, ya que, de lo contrario, se cae en el error de la doble contabilización. Un bien final es, por ejemplo, la barra de pan que un consumidor compra. Bienes intermedios serían en este caso el trigo y la harina con los que se ha producido la barra de pan. Para averiguar la Renta Nacional, sólo debe contabilizarse el valor final del pan y no los valores intermedios del trigo y de la harina porque esto último significaría sumar al valor del pan otros valores que ya lleva incluidos el bien final.

Capital fijo
Son los bienes de producción como fábricas, maquinaria, carreteras, canales, ferrocarriles o puertos. Este capital se denomina fijo para distinguirlo del capital circulante (materias primas, productos terminados, créditos, acciones o dinero).

Compañías comerciales por acciones
Nacidas en el siglo XVII en Gran Bretaña y Holanda, estas compañías dividían su capital en pequeñas partes o acciones que los particulares podían comprar y vender en las Bolsas. Se lograba de este modo reunir importantes sumas de capital con las que financiar grandes operaciones comerciales.

Coste total
Es el precio de producción de una determinada cantidad de mercancías. Si, por ejemplo, una mina produce 1.000 t de carbón habiendo gastado en ello 100.000 ptas, el coste total de producción de 1.000 t de carbón será esa suma. El coste total se compone de muchas partes: gastos de energía, gastos en materias primas, transporte de éstas, salarios de los obreros, sueldos del personal de oficinas, amortizaciones, impuestos, etc. Dividiendo el coste total por el número de unidades producidas se obtiene el *coste medio* o *coste unitario*. Así, el coste medio de cada tonelada de carbón del ejemplo anterior será de 100 ptas (100.000 ptas : 1.000 t).

Demanda
Es la cantidad de un bien o de un servicio que los consumidores desean y pueden comprar a un precio dado y en un período dado. Si, por ejemplo, las compras de automóviles en un país cualquiera han sido de 500.000 coches durante un año, esta cantidad será la demanda de coches en un año.

Economistas clásicos
Reciban el nombre de clásicos los economistas ingleses y escoceses que, entre 1750 y 1850, formularon los principios de la moderna ciencia económica. Los más importantes fueron Adan Smith, David Ricardo, David Hume, Robert Malthus, John Stuart Mill y Jeremy Bentham.

Excedente
Es la diferencia entre la producción total y la parte de esa producción consumida más la utilizada para reponer capital. Si, por ejemplo, un campesino produce al año 100 kg de productos agrarios consumiendo 50 y necesitando 20 para semillas, su excedente será de 30 kg.

Letra de cambio
Documento mercantil nacido en la Edad Media para facilitar las transacciones comerciales. En lo fundamental, sirvió para que los comerciantes recibieran crédito de los banqueros. Con ese crédito podían comprar mercancías en un lugar y venderlas en otro donde devolvían el crédito a los banqueros en otra moneda.

Malthusiana, teoría de la población
Teoría ideada por el economista inglés Thomas Robert Malthus (1766-1834) para explicar la relación entre el crecimiento de los productos alimenticios y el crecimiento de la población. Según Malthus, los alimentos crecían en progresión aritmética (1, 2, 4...), mientras que la

oblación lo hacía en progresión geométrica (1, ?, 3, 4, 8...), de manera que la población tenía a aumentar por encima de los medios de subsistencia. La teoría malthusiana se basa en a ley de los rendimientos decrecientes de la erra.

Oferta

Es la cantidad de un bien o de un servicio que ntra en el mercado a un precio dado y en un período dado. Si, por ejemplo, la producción e coches en un país cualquiera ha sido de -00.000 unidades en un año y ese país ha importado además 100.000 coches, la oferta de utomóviles en un año será de 500.000.

Open-field

Sistema de explotación comunal de la tierra muy extendido en la Inglaterra pre-industrial. Las familias campesinas disponían de pequeñas arcelas dispersas a lo largo y ancho del *openeld* o campo abierto. Este se dividía en tres ojas, cada una de las cuales englobaba las parelas de los campesinos. Sobre las tres hojas e sucedía, año tras año, la rotación trienal de ultivos (cereal de invierno, cereal de primaera, barbecho). Las labores agrícolas las reazaban todos los campesinos en común, unque el producto de cada parcela pertenecía ólo a la familia que era dueña o usufructuaria e ella. Los campos permanecían abiertos –sin cercar— porque el ganado debía de trantar por ellos para pastar en los barbechos o ien en los rastrojos del cereal durante el tiempo ntermedio entre la recolección y la siembra. Las economías campesinas se complementaan con la utilización gratuita de zonas comuales llamadas *cammon-lands*. En ellas pastaa el ganado y los campesinos obtenían abono egetal, leña o pescaban en los ríos.

Población activa

Personas de ambos sexos que suministran la mano de obra disponible para la producción e bienes y de servicios. Suele considerarse como población activa al segmento de la población comprendido entre los 16 y los 60 años.

Productividad

Es la cantidad de un bien o de un servicio procida por un trabajador en un tiempo deter-

minado. Así, un minero que arranque 100 kg de carbón en una jornada laboral, tendrá una productividad de 100 kg al día. La productividad de un camarero —trabajador de los servicios— se medirá, por ejemplo, en función del número de mesas que sirva en un tiempo determinado.

Rendimiento de la tierra

Es la cantidad de un producto agrícola obtenida en una superficie determinada. El rendimiento de la tierra suele medirse en quintales por hectárea. La cantidad producida en una hectárea depende del rendimiento de cada semilla plantada. De cada semilla se recolectan pocos o muchos frutos por varias razones: fertilidad natural del suelo, cantidad de abono utilizada, selección de las semillas o potencia del arado.

Salarios reales

Son los salarios nominales ajustados al valor constante del dinero. Supongamos que un albañil gana en el primer año 1.000 ptas diarias y en el tercer año sigue ganando esa cantidad. Supongamos a continuación que el nivel de los precios ha aumentado un 20 por 100 entre el año primero y el tercero. El salario nominal de ese albañil en el tercer año seguirá siendo de 1.000 ptas diarias, pero su salario real habrá descendido en un 20 por 100 (800 ptas), con lo que habrá perdido poder adquisitivo. Por el contrario, si el albañil en cuestión gana en el tercer año 1.400 ptas diarias, su salario real habrá aumentado en un 20 por 100 (1.200 ptas), ya que la subida de su salario nominal en un 40 por 100 (de 1.000 a 1.400 ptas) es superior a la subida de los precios (un 20 por 100).

Servicios

Son actividades que sirven para satisfacer necesidades humanas sin que por ello produzcan bienes materiales. Así, el transporte de mercancías, el trabajo de un abogado, las funciones de un banco o un espectáculo deportivo no producen nada material, pero satisfacen necesidades humanas. Dentro de los servicios se encuadran actividades como transporte y comunicaciones, comercio, finanzas, seguros, enseñanza, sanidad, hostelería, defensa, administración, profesiones liberales, cultura y deportes.

Indice alfabético

110

Bibliografía

Asthon, T. S.: *La Revolución Industrial*. Fondo de Cultura Económica, México, 195(

Bairoch, P.: *Revolución Industrial y subdesarrollo*. Siglo XXI, Madrid, 1967.

Berg, M.: *La era de las manufacturas (1700-1850). Una nueva historia de la Revolu ción Industrial británica*. Crítica, Barcelona, 1986.

Cipolla, C. M. *Historia Económica de la Europa pre-industrial*. Biblioteca de la Revist de Occidente, Madrid, 1976.

Cipolla, C. M. (ed): *Historia Económica de Europa (3). La Revolución Industrial*, Arie Barcelona, 1979.

Deane, Ph.: *La primera Revolución Industrial*. Península, Barcelona, 1968.

Dobb, M.: *Estudios sobre el desarrollo del capitalismo*. Siglo XXI, Madrid, 1980.

Flinn, M. W.: *Los orígenes de la Revolución Industrial*. Instituto de Estudios Político: Madrid, 1970.

Fogel, R. W.: *Los ferrocarriles y el crecimiento económico de los Estados Unidos*. S glo XXI, Madrid, 1972.

Hobsbawn, E. J. *Industria e Imperio*. Ariel, Barcelona, 1977.

Kemp, T.: *La Revolución Industrial en la Europa del siglo XIX*. Fontanella, Barcelon: 1974.

Kriedte, P.: *Feudalismo tardío y capital mercantil*. Crítica, Barcelona, 1982.

Kriedte, P. y otros: *Industrialización antes de la industrialización*. Crítica, Barcelona, 198!

Landes, D. S. *Progreso tecnológico y Revolución Industrial*. Técnos, Madrid, 197ᴤ

Livi-Bacci, M.: *Ensayo sobre la historia demográfica de Europa. Población y alimentᴤ ción en Europa*. Ariel, Barcelona, 1987.

Mantoux, P.: *La Revolución Industrial en el siglo XVIII*. Aguilar, Madrid, 1962.

Mori, G.: *La Revolución Industrial*. Crítica, Barcelona, 1983.

Nadal, J.: *El fracaso de la Revolución Industrial en España*. Ariel, Barcelona, 197!

Prados de la Escosura, L.: *De Imperio a Nación. Crecimiento y atraso económico a España. 1780-1930*. Alianza Universidad, Madrid, 1988.

Rostow, W. W. y otros: *La economía del despegue*. Alianza Editorial, Madrid, 196ᴤ

Slicher Von Bath, B. A.: *Historia agraria de la Europa occidental*. Península, Barcelᴤ na, 1975.

Vilar, P. y otros: *La industrialización europea. Estadios y tipos*. Crítica, Barcelona, 198

Wrigley, E. A.: *Historia y población*, Crítica, Barcelona, 1985.

Fuentes de los cuadros que aparecen en este libro:

Página 10: Deane, Ph. *La primera Revolución Industrial*. Página 14: Cipolla, C. M. *Historia económi de la Europa preindustrial*. Página 22: Rotberg, R. I. y Rabb, T. K. *Hunger and History*. Página 2 Lazurtegui, J. *Distrito minero de Bilbao*. Página 33: Kuznets, S. *Modern Economic Growth. Rate, Structu and Spread*. Página 35: Kuznets, S. *Modern Economic Growth*. Página 36: Woytinsky, W. S. *Wor Population and Production Trends and Outlook*. Página 38: Hoffman, W. G. *British Industry, 1700-195 y Markovitch, T. *L'Industrie Française de 1789 a 1964*. Página 44: Inglaterra: Deane, Ph. y Col W. A. *British Economic Growth;* Francia: Marcewski, J. *Histoire Quantitative de L'Economie Français* Página 45: Mitchell, J. *Historia Económica de Europa*. Página 47: Bacci, M. *Ensayo sobre la histoᴤ demográfica europea*. Página 78: Berg, M. *La era de las manufacturas*. Página 80: Cipolla, C. M. *Hᴤ toria económica de Europa*. Página 92: Deane, Ph. y Cole, W. A. *British Economic Growth, 1688-195* Página 97: Mitchell, B. R. *Historia económica de Europa*.